# MEIN GARTENJAHR

# MEIN GARTENJAHR

CERI THOMAS

# Inhalt

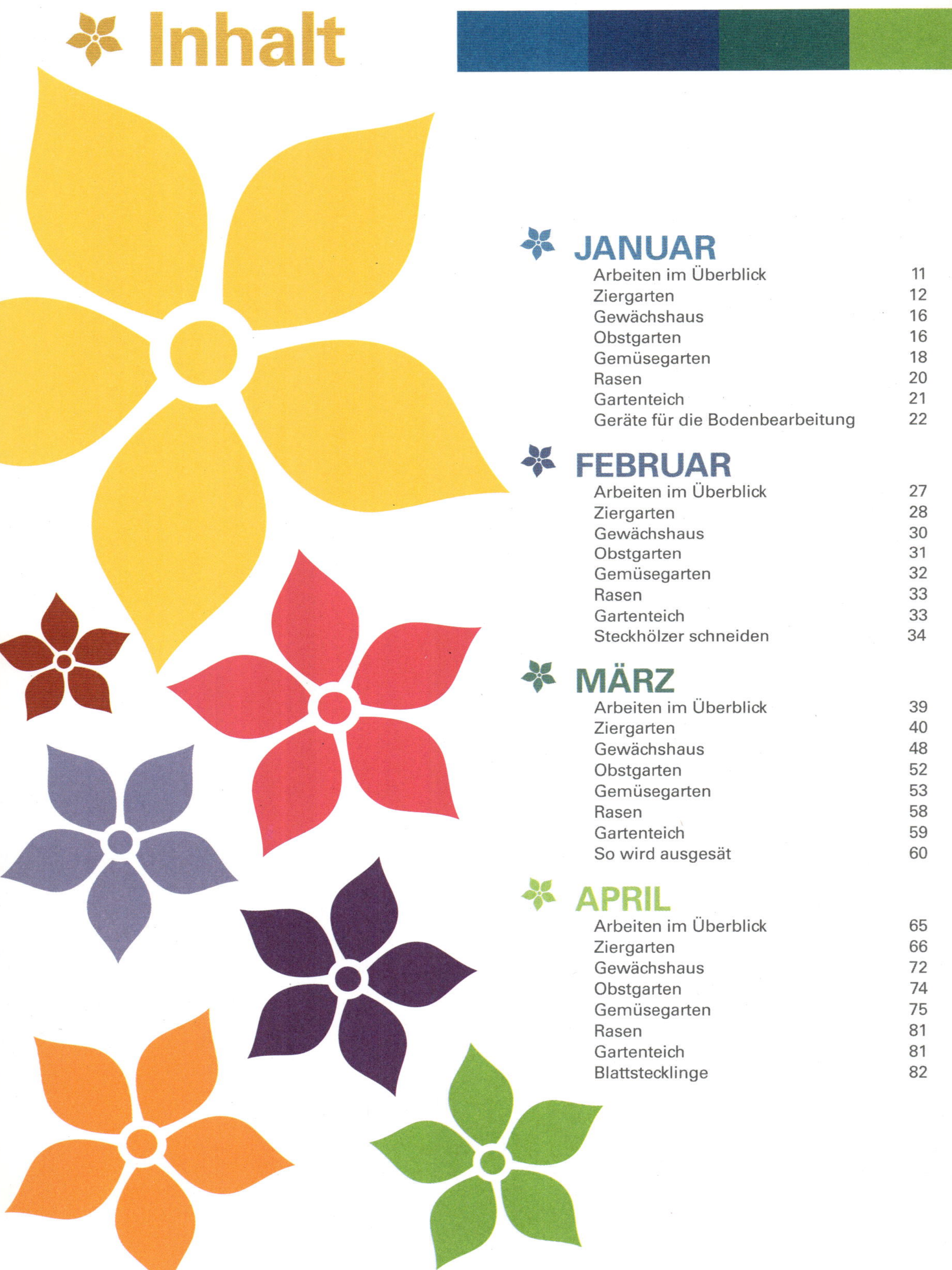

## JANUAR



## FEBRUAR



## MÄRZ



## APRIL

# LIEBE LESERIN, LIEBER LESER.

Was mache ich wann im Garten? Dies ist eine der kniffligsten Fragen, selbst für erfahrene Gärtner. Wir stellen Ihnen in diesem Buch die Arbeiten vor, die im Laufe des Jahres im Garten anfallen und die wirklich notwendig sind. Jene, die nicht wirklich sinnvoll sind, haben wir weggelassen. So haben Sie mehr Zeit, Ihren Garten zu genießen.

Nach Monaten aufgeteilt, finden Sie schnell, was wann zu tun ist. Die Arbeiten decken alle Gartenbereiche ab: Blumenbeete, den Gemüsegarten, Obstbäume und -sträucher, Rasen, Gartenteich und das Gewächshaus. So können Sie direkt in dem Kapitel beziehungsweise Thema einsteigen, das Sie interessiert. Um Ihnen die Organisation der Gartenarbeit zu erleichtern, haben wir alle Arbeiten unterteilt in „wirklich wichtige", die unbedingt erledigt werden sollten, und solche, die empfehlenswert, aber nicht immer notwendig sind. In den Fünf-Minuten-Projekten finden Sie alle Arbeiten, die schnell und ohne viel Aufwand quasi nebenher erledigt werden können. Wenn Sie mehr Zeit haben, können Sie sich an die monatlichen Projekte machen, die wir für Sie am Ende eines jeden Monatskapitels zusammengestellt haben. Sie decken die unterschiedlichsten Tätigkeiten ab, vom richtigen Schneiden von Stecklingen bis zu bunt bepflanzten Töpfen für Balkon und Terrasse. Durch einfache Schritt-für-Schritt-Anleitungen lassen sich die Projekte problemlos umsetzen.

Nicht immer macht der Garten Freude, besonders wenn lästige Schädlinge oder Krankheiten auftauchen. Für diesen Fall stellen wir Ihnen unter der Rubrik „Pflanzenschutz" die wichtigsten Übeltäter vor, die in den entsprechenden Monaten auftauchen können. So sind Sie in der Lage, sie rechtzeitig zu erkennen und wissen, welche Gegenmaßnahmen ergriffen werden können.

Wir hoffen, dass Ihnen dieses Buch viel Freude bereitet, dass es Monat für Monat nützliche Tipps und Tricks bereithält. Es passt in jede Hosentasche und ist der ideale Begleiter für Ihr Gartenjahr.

# DER GARTEN IM JANUAR

Auch wenn der Garten im Spätwinter noch nicht besonders einladend ist, können Sie doch schon einige Dinge erledigen. Der Boden kann bei frostfreiem Wetter zum Pflanzen für die kommende Saison vorbereitet werden. Vor allem ist nun auch die beste Zeit, um sich Gedanken über die Anbauplanung zu machen – was man wann pflanzen und säen möchte.

# JANUAR
# Arbeiten im Überblick

## ZIERGARTEN

- Weihnachtsbaum häckseln und kompostieren
- Boden verbessern
- Winterlinge pflanzen
- Lenzrosen ausputzen
- Sträucher zurückschneiden
- Samen kaufen
- Gartenschuppen aufräumen

## GEWÄCHSHAUS

- Pflanzenreste aufsammeln
- Kübelpflanzen kontrollieren
- Laub aus der Regenrinne entfernen

## OBSTGARTEN

- Neu gepflanzte Obstbäume mulchen
- Dünger bereitstellen

## GEMÜSEGARTEN

- Beete mit Vlies und Folie abdecken, damit sich die Erde erwärmt
- Wintergemüse ernten
- Knoblauch stecken (nur bei frostfreiem Wetter möglich)
- Wühlmäuse im Auge behalten
- Anbau und Fruchtfolgen planen

## RASEN

- Bei Frost so wenig wie möglich betreten
- Rasenmäher säubern und ggf. reparieren oder warten lassen

## GARTENTEICH

- Wenn der Teich zugefroren ist, die Eisfläche nicht betreten

# Der Garten im Januar

## ZIERGARTEN

### Unbedingt erledigen

**Weihnachtsbaum recyceln:** Zerkleinern Sie den Weihnachtsbaum und zerschreddern Sie die Zweige und Äste. Wenn Sie keine Möglichkeit zum Kompostieren im eigenen Garten haben, können Sie den Baum auch zu einer öffentlichen Sammelstelle fahren. Denken Sie daran, eine Schutzfolie ins Auto zu legen, bevor Sie ihn verstauen, sonst haben Sie den ganzen Fahrzeuginnenraum voller Nadeln – und saugen bis nächste Weihnachten die Reste aus den Polsterritzen.

### Empfehlenswerte Arbeiten

**Boden verbessern.** Wenn Sie schweren Boden, zum Beispiel Lehmboden im Garten haben, ist es sinnvoll, diesen mit organischem Material zu verbessern. Dazu wird verrotteter Grüngutkompost zusammen mit Sand oder feinem Kies zur Verbesserung der Dränage untergegraben. Bearbeiten Sie den Boden nur, wenn es trocken ist, sonst wird das Ganze in einer schmierigen Plackerei enden. Leichte, sandige Böden können Sie ebenfalls mit Kompost verbessern, der die Wasserspeicherkapazität erhöht. Auch Kalkböden profitieren von diesem „Gold des Gärtners", der Nährstoffgehalt wird gesteigert, der Humusanteil erhöht und die Wasserhaltefähigkeit verbessert. Ist Ihr Boden sehr flachgründig und mager, können Sie den Bau von Hochbeeten in Erwägung ziehen, um so mehr Wurzelraum und vor allem tieferen Boden für Ihr Gemüse zu erhalten. Die Hochbeete werden mit einer Mischung aus Kompost, verrottetem Mist und gutem Oberboden aufgefüllt. Jedes Jahr kommt eine weitere Lage Kompost auf das Beet, damit die Bodenschicht nicht absackt.

**Winterlinge pflanzen.** Diese kleinen gelben Knollenpflanzen gehören zu den ersten Blüten im Frühjahr. Die im Herbst angebotenen Knollen sind zwar günstiger, viele treiben aber nicht aus. Sie wachsen besser an, wenn man sie (bei frostfreiem Wetter) als vorgezogene Pflanzen setzt.

**Lenzrosen ausputzen.** Die gefürchtete Schwarzfleckenkrankheit wird von einem Pilz verursacht, der die Blätter befällt. Entfernen Sie befallenes Laub von Lenz- und Christrosen *(Helleborus × orientalis)*, indem Sie die alten Blätter am Boden mit einer Schere abschneiden. Dabei können Sie auch ein paar Blüten, die sich schon geöffnet haben, als Frühlingsboten für die Blumenvase mit schneiden.

**Frühlingsalpenveilchen selektieren.** Diese entzückenden Frühlingsboten bilden an ihnen zusagenden Standorten schnell größere Gruppen. Dabei helfen Ameisen, welche die Samen verbreiten. Wenn die ersten Blüten Ende Januar/Anfang Februar erscheinen, können Sie Exemplare mit besonders attraktiven Blättern vorsichtig ausgraben und dort einsetzen, wo sie besser zur Geltung kommen.

# Der Garten im Januar

**Einen Topf mit Lenzrosen bepflanzen.** Lenz-, Schnee- oder Christrosen sind nicht mit Rosen verwandt. Sie gehören zur Gattung *Helleborus* in der Familie der Hahnenfußgewächse. Leider blühen sie selten an Weihnachten, es sei denn, man kauft vorgezogene Exemplare im Blumenhandel. Trotzdem gehören sie zu den ersten Blumen im Garten, die im Spätwinter ihre Blüten öffnen. Sie wachsen auch gut in Töpfen und Kübeln in normaler Kübelpflanzenerde. Bevor Sie getopfte Pflanzen in einen neuen Kübel setzen, müssen Wurzeln, die ringförmig um den Ballen gewachsen sind, gelockert und gelöst werden.

**Samen kaufen.** Machen Sie sich jetzt Gedanken darüber, welche Blumen und Gemüse Sie aussäen und anbauen möchten. Viele besondere Sorten sind schnell ausverkauft, wenn Sie damit zu lange warten.

**Aufräumen.** Nutzen Sie die gartenarbeitsfreien Tage, um den Schuppen und die Garage aufzuräumen. Allerlei Gerümpel und Reste, die sich im Vorjahr angesammelt haben, werden weggeworfen oder entsorgt. Werkzeug und Geräte werden gereinigt und geölt, Messer und Scheren geschärft. Das Arbeiten mit gut gewarteten und scharfen Gartengeräten geht viel leichter von der Hand. Nutzen Sie die Gelegenheit und sortieren Sie die Werkzeuge; verloren gegangene oder beschädigte Geräte können durch neue ersetzt werden. Anzuchttöpfe und Aussaatschalen werden ausgebürstet und, wenn Sie im Vorjahr Probleme mit Krankheiten hatten, in Desinfektionslösung getaucht. Mit etwas Spiritus können Sie die Beschriftung auf den Etiketten entfernen und sie noch eine weitere Saison benutzen, wenn sie nicht spröde sind. Recyclingtipp: Schneiden Sie alte Joghurtbecher senkrecht in Streifen, und schon haben Sie selbstgemachte Etiketten.

## PFLANZENSCHUTZ

**Blattflecken.** Achten Sie auf schwarze oder braune Flecken auf den Blättern vor allem von immergrünen Pflanzen. Befallenes Laub abschneiden und mit dem Hausmüll entsorgen, nicht auf den Kompost geben.

## FÜNF-MINUTEN-PROJEKT

**Vergrünte Triebe ausschneiden.** Bei Pflanzen mit weiß-grün gescheckten (panaschierten) Blättern wie Ölweiden und Kriechspindel kann es immer wieder vorkommen, dass einige Triebe „zurückschlagen“, das heißt wieder normale grüne Blätter bilden. Schneiden Sie diese heraus, denn sie sind wüchsiger und unterdrücken die schönen bunt gemusterten Blätter.

#  Der Garten im Januar

## GEWÄCHSHAUS

### Unbedingt erledigen

**Laub- und Pflanzenreste aufsammeln.** Abgestorbene Pflanzenreste von den Grundbeeten entfernen, da von ihnen für die nächste Anbausaison die Gefahr von Pilzinfektionen wie Grauschimmel ausgehen kann.

### Empfehlenswerte Arbeiten

**Überwinternde Pflanzen kontrollieren.** Untersuchen Sie überwinternde Kübelpflanzen regelmäßig auf Schädlinge.

**Lilien topfen.** Denken Sie jetzt schon an den Sommer und pflanzen Sie Lilienzwiebeln in Töpfe und Kübel. Im Gewächshaus vorgezogene Pflanzen können später auf der Terrasse einen Platz finden oder Lücken in den Blumenbeeten füllen. Zur Schnittblumenernte im Sommer werden die Zwiebeln Ende Januar/Anfang Februar direkt ins Grundbeet gepflanzt.

**FÜNF-MINUTEN-PROJEKT**

Entfernen Sie Herbstlaub aus der Regenrinne des Gewächshauses, damit die Abflüsse frei bleiben. Das matschige Material ist außerdem bei Amseln ein beliebtes Nistmaterial, das es beim Sammeln überall verteilen.

## OBSTGARTEN

### Unbedingt erledigen

**Mulchschicht kontrollieren.** Gut verrotteter Mist, Rindenhumus und Grüngutkompost sind ideale Mulchmaterialien, um die Wurzelscheibe von im letzten Herbst gepflanzten Obstbäumen oder Beerensträuchern nachzumulchen. Die Mulchschicht hält die Feuchtigkeit im Boden und verhindert das Keimen von Unkräutern.

**Rhabarber treiben.** Zarte rosa Rhabarberstangen gehören zum feinsten Frühjahrsgemüse. Statt es teuer auf dem Markt oder im Feinkostladen zu kaufen, können Sie ab Ende Januar/Anfang Februar Rhabarber selbst antreiben. Stülpen Sie eine große, lichtundurchlässige Tonne oder einen Tontopf (ohne Loch) über den Rhabarberstock. Ein paar Schaufeln Mist sorgen für zusätzliche Wärme, die das Wachstum fördert.

## Empfehlenswerte Arbeiten

**Organischen Dünger ausbringen.** Im Gegensatz zu mineralischen Düngern müssen die Nährstoffe in organischen Düngemitteln erst von den Mikroorganismen im Boden aufgeschlossen werden, bevor sie von der Pflanze aufgenommen werden können. Daher können Sie bereits jetzt langsamer wirkenden Dünger wie Kompost, Rinderdung, Hornspäne (kein Hornmehl), Rhizinusschrot oder Knochenmehl ausbringen. Die Nährstoffe werden wegen der niedrigen Temperaturen nur langsam aufgeschlossen und nicht ausgewaschen. Im Wurzelbereich ausstreuen und leicht einharken. Wenn der Boden noch gefroren oder mit Schnee bedeckt ist, warten Sie noch ein paar Wochen.

# Der Garten im Januar

## GEMÜSEGARTEN

### Unbedingt erledigen

**Ernte:**

- Rosenkohl
- Knollensellerie
- Grünkohl
- Porree/Lauch
- Pastinaken
- Sprossenbrokkoli
- Rüben
- Steckrüben
- Winterkohl

**Boden erwärmen.** Im Januar kann das Wetter unberechenbar sein und oft herrscht noch tiefer Winter. An schneefreien Tagen können Sie, wenn der Boden schon etwas abgetrocknet ist, umgraben. Ist die Erde nass und schwer, warten Sie besser bis Februar oder März. Damit Sie schon Ende Februar/Anfang März die ersten Aussaaten im Freiland säen können, ist es empfehlenswert, den Boden mit Vlies oder Folie abzudecken. So erwärmt er sich an sonnigen Tagen. Praktischerweise werden dabei auch Unkräuter zum Keimen angeregt, die dann einfach mit einer Hacke oder Schuffel entfernt werden können. So erhalten Sie ein nahezu unkrautfreies Saatbeet im Frühling.

### Empfehlenswerte Arbeiten

**Knoblauch setzen.** Knoblauch ist eine dankbare und denkbar pflegeleichte Pflanze. Schon mit wenigen Zehen erhalten Sie so viele Knollen, dass Sie sich das ganze Jahr selbst mit Knoblauch versorgen können. Wenn Sie in der Küche in zwei Wochen eine Knolle verbrauchen, brauchen Sie die Zehen von zwei Knollen zum Stecken, was an frostfreien Tagen geschehen muss. Man sollte speziellen Pflanzknoblauch aus dem Gartenfachhandel verwenden, denn dessen Zehen treiben und wachsen besser als die von im Supermarkt

gekauften Knollen. Pro Knolle sollten Sie zehn bis zwölf Zehen ernten und stecken können. Der Pflanzabstand beträgt etwa 15 cm. Die Zehen müssen so tief gesteckt werden, dass die Spitze nicht mehr sichtbar ist, sonst werden sie von Vögeln wieder herausgezogen. Aus jeder Zehe wächst eine Knolle, die sich bis zum nächsten Jahr lagern lässt. Wenn sich die Zehen beim Wachsen aus dem Boden schieben, können sie mit einer Pflanzschaufel tiefer gesetzt werden.

**Steckzwiebeln kaufen.** Zwiebeln aus Samen anzuziehen ist recht mühsam. Viel einfacher geht es mit Steckzwiebeln, die jetzt schon bestellt oder gekauft werden können. Die Zwiebelchen müssen sich fest anfühlen. Sie werden trocken gelagert, bis sie im März direkt ins Beet gepflanzt werden. 'Karmen' und 'Red Baron' sind gute rote, 'Sturon' und 'Stuttgarter Riesen' empfehlenswerte gelbe Sorten, die sich gut lagern lassen.

**Anbauplanung.** Statt einfach von allen Gemüsen, die Sie im Frühling und Sommer anbauen möchten, Samen zu kaufen, ist es besser, sich jetzt genau zu überlegen, was vorgezogen, was direkt gesät wird und bei welchen Sorten es einfacher ist, pflanzfertige Jungpflanzen zu kaufen. Gartencenter bieten eine recht große Auswahl, im Internet und bei Saatgutspezialisten finden Sie jedoch eine noch größere Auswahl. Bei seltenen Sorten ist eine Vorbestellung ratsam.

**Achtung, Wühlmäuse!** Wühlmäuse können an den Wurzeln von Obstbäumen und an überwinterndem Gemüse großen Schaden anrichten. Kontrollieren Sie die Mulchabdeckungen, ob sich ihre Baue darunter befinden.

# Der Garten im Januar

## RASEN

### Unbedingt erledigen

**Rasen beobachten.** In unserem immer wechselhafteren Klima kann es schon im Januar zu warmen, sonnigen Tagen kommen. Gras reagiert auf diese Temperaturschwankungen und bildet schon nach kurzen Warmperioden neue frischgrüne Triebe. Solange der Boden feucht genug ist, ist dies kein Problem. War der Winter jedoch schnee- und regenarm, wird der Rasen schnell schlapp. In diesem Fall ist es sinnvoll, das Gras auf eine Höhe von 8–10 cm zu mähen. Wenn Sie den Rasen mähen, sollte der Rasenschnitt nicht auf der Grasnarbe liegen bleiben. Während das Schnittgut im Sommer schnell verrottet, ist es jetzt dafür noch zu kalt und nass. Rechen Sie den Rasenschnitt zusammen und geben Sie ihn auf den Kompost.

**Rasenkanten abstechen.** Ein raffinierter Trick, um den Rasen ordentlicher aussehen zu lassen, ist es, die Rasenkanten mit einem Spaten oder Rasenkantenstecher abzustechen.

### Empfehlenswerte Arbeiten

**Rasenmäher warten.** In der kalten Jahreszeit ist es sinnvoll, den Rasenmäher gründlich zu reinigen, die Messer zu schärfen und bei Bedarf den Motor warten zu lassen. Beschädigte alte Klingen werden durch neue ersetzt. Bei Benzinmähern müssen Starter, Luft- und Ölfilter kontrolliert und gereinigt sowie das Öl ausgewechselt werden. Bei Elektrorasenmähern wird das Kabel überprüft, ob es Schadstellen aufweist.

# GARTENTEICH

## Unbedingt erledigen

**Teich reinigen.** Wenn der Gartenteich eisfrei ist, können Sie ins Wasser gefallenes Herbstlaub vorsichtig mit einem Rechen entfernen. So verhindern Sie, dass sich zu viele Nährstoffe im Wasser ansammeln, die im Sommer eine Algenblüte fördern.

# Der Garten im Januar

## GERÄTE FÜR DIE BODENBEARBEITUNG

**Spaten:** Umgraben, Ausheben von Pflanzgruben, Umschichten von Kompost und Erde, Abstechen wuchernder Pflanzenteile

**Grabe-, Spatengabel (mit vier breiten, kräftigen Zinken):** nicht wendende, tiefe Bodenlockerung, Umgraben schwerer Böden, Umschichten von Kompost, Ernte von Wurzelgemüse.

**Schlaghacke (mit breitem, kräftigem Blatt):** Zerkleinern von Schollen, Aufbrechen harter Oberflächen, Entfernen starker Verunkrautung; für „stoßende" Arbeitsweise im Vorwärtsgang.

**Bügelhacke (mit kurzem, breitem Blatt an zwei Bügeln):** Lockern der Oberfläche, Unkrautentfernung; für „ziehende" Arbeitsweise im Rückwärtsgang.

**Grubber oder Kultivator (mit drei bis vier gekrümmten Zinken, beim Kultivator mit verbreiterten Scharen an den Spitzen):** Lockern der Oberfläche, Unkrautentfernung, Einarbeiten von Kompost; kann auch die Bügelhacke ersetzen.

**Rechen, Harke (am besten zwei oder mehr mit verschiedenen Breiten und Stiellängen):** Einebnen des Bodens, Herrichten von Saatbeeten, Einarbeiten von Kompost und Dünger.

**Schaufel:** Verteilen und Umsetzen von Erde, Kompost oder Sand, Auffüllen von Pflanzgruben.

### GERÄTE ZUR BODENBEARBEITUNG

1. Spaten mit T- und D-Griff
2. Schaufeln
3. Grabegabel
4. Mist- oder Kompostgabel
5. Rechen
6. Rollkultivator (Gartenwiesel)
7. Krail
8. Schlaghacke
9. Bügelhacke
10. Kultivator
11. Sauzahn
12. Kleingeräte: Pflanzholz (Dibber), Pflanzschaufel, Handhacke

## Weitere sinnvolle Geräte, je nach Bedarf

**Gartenkralle (mit krallenartig angeordneten Zinken, oben mit breitem Quergriff):** tiefe, nicht wendende Bodenlockerung durch Drehbewegungen, bei leichten bis mäßig schweren Böden mit recht wenig Anstrengung, sowie zum Entfernen hartnäckiger Unkräuter.

**Sauzahn (mit großem, kräftigem, gebogenem Zinken und zur Schar verbreiterter Spitze):** tiefe, nicht wendende Bodenlockerung, Entfernen hartnäckiger Unkräuter.

**Krail (mit vier langen, kräftigen, rechtwinklig gebogenen Zinken):** Zerkleinern von Erdschollen, Bodenlockerung, Einarbeiten von Kompost, Entfernen hartnäckiger Unkräuter.

**Schuffel (Hacke mit schmal rechteckigem, rundum scharfem Blatt):** Unkrautentfernung, ziehende und stoßende Arbeitsweise.

**Doppelhacke (mit schmalen Blatt auf der einen, Zinken auf der anderen Seite):** flexibler Einsatz als Hacke oder Grubber.

**Gartenwiesel, Rollkultivator, Sternfräse (mit rotierenden Metallsternen):** Lockern und Krümeln der Bodenoberfläche, Unkrautentfernung.

**Kurzstielige Hand- oder Kleingeräte, zum Beispiel Grubber, Kultivator oder Hacke:** gezieltes Arbeiten auf engem Raum, zwischen Reihen und empfindlichen Jungpflanzen.

**Mist-, Kompostgabel (mit langen, leicht gebogenen Zinken):** Umsetzen von Kompost, Aufnehmen und Verteilen von Laub und anderem grobem Mulchmaterial.

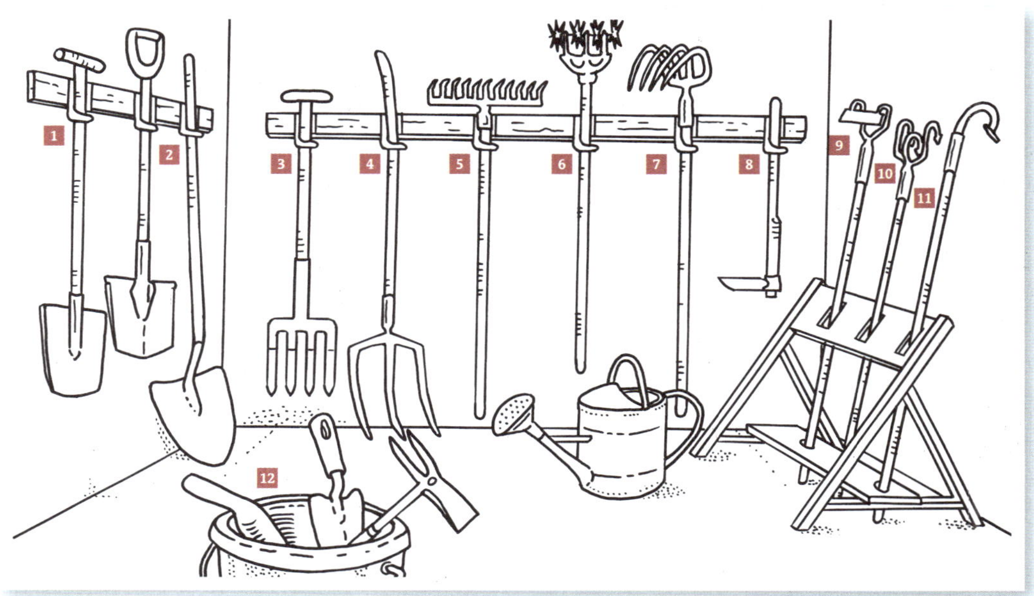

# DER GARTEN IM FEBRUAR

Wenn nach einem milden Winter der Garten langsam zum Leben erwacht, können auch Sie mit den ersten Vorbereitungen für die neue Saison beginnen. Bewurzelte Steckhölzer werden nun umgetopft, der Zaun kann ausgebessert und ein Spalier gebaut werden. Ab Februar beginnt auch die Anzuchtsaison im Gewächshaus und auf der Fensterbank. Im Garten blühen oft schon die ersten Schneeglöckchen und Krokusse, und es ist an der Zeit, die alten Nistkästen für Meisen, Stare und Rotschwänzchen zu reinigen und bei Bedarf neue aufzuhängen.

# FEBRUAR
# Arbeiten im Überblick

## ZIERGARTEN

Ziergräser zurückschneiden
Schneeglöckchen teilen
Vögel füttern
Nistkästen aufhängen
Unkraut hacken
Steckhölzer schneiden
Bewurzelte Steckhölzer umtopfen
Farbe ins Beet bringen
Zäune und Spaliere reparieren

## GEWÄCHSHAUS

Beginn der Jungpflanzenanzucht fürs Freiland
Erste Aussaaten von Frühgemüse im Grundbeet
Beetpflanzen vorziehen
Erbsen vorziehen

## OBSTGARTEN

Rhabarber kontrollieren
Winterschnitt bei Obstbäumen
Erdbeeren ins Gewächshaus umpflanzen

## GEMÜSEGARTEN

Erste Aussaaten im Freiland möglich
Kartoffeln antreiben
Topinambur pflanzen
Bodenthermometer kaufen

## RASEN

Unebene Rasenstellen ausbessern

## GARTENTEICH

Loch in die Eisdecke schmelzen

# Der Garten im Februar

## ZIERGARTEN

### Unbedingt erledigen

**Ziergräser zurückschneiden.** Ab Anfang/Mitte Februar verlieren viele Gräser ihre filigrane Anmutung und beginnen umzukippen. Schneiden Sie sie nun knapp über dem Boden zurück. Wenn es milder ist, zeigen sich schon neue Triebe, dann müssen Sie beim Rückschnitt besonders vorsichtig sein.

**Schneeglöckchen teilen:** Schneeglöckchen lassen sich einfach vermehren, indem man die Horste nach der Blüte mit einer Handschaufel aussticht und teilt. Die Zwiebeln werden dann mit den noch grünen Blättern im Abstand von einigen Zentimetern neu eingepflanzt. Sie wachsen so viel besser an bzw. weiter als trockene, die im Herbst gesetzt werden. Besonders wüchsige und großblumige Sorten sind 'Sam Arnott' und 'Viridapice'.

**Vögel füttern.** Gartenvögel sind für eine zusätzliche Versorgung mit Futter im Winter immer dankbar. Zwar finden sie auch jetzt noch Beeren und Samen in der Natur, doch die natürlichen Vorräte sind begrenzt. Meisen fressen gerne von hängenden Futterstellen, Drosseln und Amseln bevorzugen es, das Futter am Boden oder in Bodennähe aufzunehmen. Sie fressen besonders gerne halbierte Äpfel. Füttern Sie verschiedene Samenmischungen, um möglichst viele unterschiedliche Vögel anzulocken. An frostfreien Tagen erfreuen sich die gefiederten Gäste auch an einem Vogelbad oder einer kleinen Wasserstelle zum Trinken und Baden.

**Nistkästen aufhängen.** Wenn nicht schon im Herbst geschehen, sollten vorhandene Nistkästen nun gereinigt und bei Bedarf durch neue ersetzt werden. Hängen Sie immer mehrere Kästen im Garten auf, dies erhöht die Wahrscheinlichkeit, dass wenigstens einer bezogen wird. Das Einflugloch sollte nach Osten oder Südosten ausgerichtet und der Kasten so aufgehängt sein, dass er von Katzen und Mardern nicht erreicht werden kann.

## Empfehlenswerte Arbeiten

**Unkraut hacken und jäten.** An warmen Tagen erscheinen die ersten kleinen Unkrautkeimlinge in den Beeten. Solange sie noch winzig sind, lassen sie sich mit einer Schuffel oder einer Hacke leicht entfernen oder von Hand herausziehen, ohne die Wurzeln der umliegenden Pflanzen zu stören. Je weniger Unkraut jetzt Samen ansetzen kann, desto weniger müssen Sie im Frühjahr oder Sommer hacken.

**Bewurzelte Steckhölzer topfen.** Steckhölzer von Hartriegel, Forsythien und anderen Sträuchern, die im Herbst gesteckt wurden, sind nun bewurzelt und können getopft werden. Jetzt können Sie auch noch neue Steckhölzer schneiden. Mit dieser Technik können Sie viele Sträucher vermehren, darunter auch Beerenobst wie Johannisbeersträucher (siehe Seite 34 f.).

**Farbe ins Beet bringen.** Winterbeete müssen nicht trist und langweilig sein. Es gibt viele Sträucher, die schon im Spätwinter anfangen zu blühen, wie zum Beispiel die Mahonie (rechts), deren stachelige Blätter zudem immergrün sind. Die gelben Blüten duften süß, später im Jahr bilden sich dann dunkelblaue Beeren, die bei Vögeln beliebt sind.

**Zäune und Spaliere reparieren.** Bevor ruhende Kletterpflanzen zum Leben erwachen, ist es sinnvoll, Zäune, Spaliere und Rankgerüste auf Schäden, lockere Verbindungsstellen und morsche Latten zu kontrollieren. Eine Reparatur ist viel einfacher, wenn noch keine störenden Blätter vorhanden sind.

# Der Garten im Februar

## GEWÄCHSHAUS

### Unbedingt erledigen

**Beginn der Jungpflanzenanzucht.** Ende Februar beginnt die Aussaatsaison unter Glas. Viele Gemüse wie Tomaten, Paprika, Chili, Auberginen und Gurken brauchen eine Mindesttemperatur von etwa 18 °C zum Keimen. Ein beheizbares Gewächshaus oder ein Anzuchtkasten ist dafür ideal. Wenn in Ihrem Gewächshaus die Temperatur in kalten Nächten noch auf Werte um 5 °C sinkt, ist es besser, mit der Anzucht bis März zu warten. Alternativ können Sie die Jungpflanzen auch auf der Fensterbank vorziehen und später ins Gewächshaus bringen.

**Gemüse vorziehen.** Auch wenn es noch eine ganze Weile dauert, bis Sie die ersten Frühkartoffeln, Baby-Möhren, Zucchini und Salate aus dem Freiland ernten können, ist es möglich, den Erntezeitpunkt vorzuverlegen, indem Sie nun einige Gemüse in großen Töpfen vorziehen. Stellen Sie die Töpfe geschützt und frostfrei auf, ein Gewächshaus oder ein beheizbares Frühbeet ist ideal, ein helles Fenster im Gartenschuppen geht aber auch. Wenn das Wetter wärmer wird, können die Pflanzen in den Töpfen abgehärtet werden (siehe Seite 89) und dann ins Freie gestellt werden. Die Pflanzerde darf nicht austrocknen, aber auch nicht zu nass sein, sonst faulen die Wurzeln.

- **Zucchini:** Säen Sie einige Samen in kleine Töpfe (7,5 cm Durchmesser). Wenn die Jungpflanzen zwei richtige Blätter (zusätzlich zu den Keimblättern) haben, können die kräftigsten Pflänzchen einzeln in 15-Liter-Kübel gesetzt werden.
- **Möhren:** Füllen Sie normale Blumenerde in einen 15-Liter-Topf und streuen Sie die Samen gleichmäßig aus. Leicht mit Erde bedecken und angießen.
- **Bohnen:** Säen Sie ein oder zwei Bohnen in 7,5-cm-Töpfe für den ersten Erntesatz.
- **Salat:** Streuen Sie eine Schnittsalatmischung auf die Erde in einem flachen Topf, leicht mit Erde bedecken und angießen. Es

gibt viele Mischungen mit unterschiedlichen Blattfarben und -formen sowie Geschmacksrichtungen von mild bis scharf.

- **Kartoffeln:** Füllen Sie einen 15-Liter-Topf zur Hälfte mit Blumenerde und stecken Sie eine Kartoffel hinein. Wenn die Triebe wachsen, füllen Sie Erde nach, bis der Topf voll ist.
- **Beetpflanzen vorziehen:** Langsam wachsende Beetpflanzen wie Löwenmäulchen, Begonien, Gazanien, Lobelien und Geranien (Pelargonien) sowie Stauden und Gräser, die diese Saison schon blühen sollen, werden ebenfalls jetzt ausgesät.
- **Erbsen:** Für den ersten Satz Erbsen wird jetzt im ungeheizten Gewächshaus im Grundbeet ausgesät.

## Empfehlenswerte Arbeiten

**Erbsen vorziehen.** Erbsen sind frosthart und können eigentlich das ganze Jahr gesät werden. Ihre Samen sind jedoch bei Mäusen äußerst beliebt und die Jungpflanzen anfällig gegen Fäulnis, wenn der Boden lange nass und kalt ist. Daher ist es sinnvoll, sie in einem Gewächshaus vorzuziehen. Eine einfache und praktische Möglichkeit ist die Aussaat in Regenrinnen, aus denen sie später einfach in Furchen ins Beet gesetzt werden.

- Kaufen Sie flache Regenrinnen aus Plastik.
- Schneiden Sie die Rinnen auf die Länge Ihres Beetes zu, die Teilstücke sollten aber nicht länger als 1,5 m sein.
- Blockieren Sie die offenen Enden mit einem großen Kieselstein und füllen Sie die Rinnen zu zwei Dritteln mit Pflanzerde.
- Säen Sie die Erbsen in Dreierreihen im Abstand von 5 cm in die Rinnen. Mit Blumenerde abdecken.
- Nach dem Angießen feucht halten.

# OBSTGARTEN

## Unbedingt erledigen

**Schnittmaßnahmen.** Bis Ende Februar sollte der Winterschnitt von Obstgehölzen und Beerensträuchern beendet sein (siehe Seite 201).

## Empfehlenswerte Arbeiten

**Erdbeeren in Töpfen ins Gewächshaus holen.** Oder decken Sie Pflanzen im Freiland mit einer Gartenglocke ab, damit Sie besonders früh ernten können.

# Der Garten im Februar

## GEMÜSEGARTEN

### Unbedingt erledigen

**Im Freien unter Vlies säen:** Dicke Bohnen oder Puffbohnen, Erbsen, Radieschen, Spinat, Frühlingszwiebeln.
**Unter Glas säen:** Auberginen, Zucchini, Gurken, Paprika, Chili, Kartoffeln, Salat, Tomaten.
**Ernten:** Rosenkohl, Knollensellerie, Porree/Lauch, Grünkohl, Pastinaken, Sprossenbrokkoli, Rüben, Winterkohl.

**Kartoffeln antreiben:** Legen Sie Pflanzkartoffeln in Eierkartons oder auf Tabletts aus. Die Seite mit den meisten Knospen kommt nach oben. Stellen Sie sie kühl und feucht, frostfrei und so hell wie möglich auf.

### Empfehlenswerte Arbeiten

**Topinambur pflanzen.** Eines der unkompliziertesten Gemüse ist der Topinambur. Stecken Sie die Knollen einfach im Abstand von 30 cm etwa 12 cm tief in den Boden. Die Pflanze mit ihren leuchtend gelben Blüten wird bis 2 m hoch und ist so auch ein idealer Windschutz.

**Bodenthermometer kaufen.** Ein Bodenthermometer ist eine sinnvolle Investition, denn sie räumt mit vielen Unsicherheiten auf, wann die ersten Aussaaten im Freiland direkt im Beet möglich sind. Stecken Sie es einige Zentimeter tief in die Erde und kontrollieren Sie die Bodentemperatur jeden Morgen. Wenn sie ein paar Tage über 5 °C liegt, können kälteunempfindliche Gemüse wie Möhren, Salat und Radieschen gesät werden.

## FÜNF-MINUTEN-PROJEKT

**Aussaaten mit Vlies abdecken.** Das ist wichtig für die ersten Aussaaten im Freien, denn so wird verhindert, dass der Boden nachts stärker auskühlt.

**Salat aussäen.** Säen Sie Schnitt- und Pflücksalate in Schalen oder flache Töpfe (siehe Seite 60 f.). Sie dienen später in den Beeten als Lückenfüller zwischen größeren Gemüsen oder sogar im Blumenbeet.

# RASEN

## Unbedingt erledigen

**Unebenheiten reparieren.** Dellen oder Buckel im Rasen können leicht repariert werden:

- Mit einem Rasenkantenstecher oder Spaten wird die betroffene Stelle H-förmig eingestochen (1).
- Heben Sie die Grasnarbe an und biegen Sie die beiden Klappen um (2).
- Entnehmen Sie Erde oder füllen Sie Erde nach (3), je nachdem, ob der Rasen einen Buckel hatte oder eine Delle.
- Einebnen und die Grassoden wieder zurückklappen. Gut andrücken oder antreten und angießen (4).

# GARTENTEICH

## Unbedingt erledigen

**Eisdecke öffnen.** Wenn Sie Fische im Teich pflegen und die Oberfläche zugefroren ist, sollte die Eisdecke geöffnet werden. Hacken Sie sie nicht auf, sondern gießen Sie kochendes Wasser auf das Eis, bis es geschmolzen ist.

**MATERIAL**

- Verholzte, einjährige Stecklinge
- Bewurzelungshormonpulver
- Astschere
- Messer
- 1–3-Liter-Töpfe
- Anzuchterde
- Handschaufel

## STECKHÖLZER SCHNEIDEN

### Was sind Steckhölzer?

Als Steckhölzer werden Stecklinge aus ausgereiften, verholzten Trieben von Bäumen und Sträuchern bezeichnet. Steckhölzer werden nach Ende der Vegetationsperiode bzw. Wachstumsphase geschnitten. Die Vermehrung mit ihnen gelingt fast immer, ja, man kann sie sogar einfach im Garten in die Erde stecken.

### Wann werden Steckhölzer geschnitten?

Der beste Zeitpunkt zum Schneiden von Steckhölzern ist Ende Februar. Das Laub aus dem Vorjahr ist abgefallen, die neuen Knospen haben aber noch nicht ausgetrieben. Die Steckhölzer sollten sich innerhalb eines Jahres bewurzeln.

### So geht's

**1** Schneiden Sie den Trieb knapp unter einer Knospe oder einem Knospenpaar ab. Kürzen Sie das Steckholz auf etwa 20 cm (bei großen Sträuchern) oder 5–8 cm (bei kleinen Sträuchern) ein. Entfernen Sie alte Blätter und Seitentriebe, aber nicht die Knospen.

**2** Nun wird das Holz zweimal angeschnitten. Am unteren Ende waagrecht zum Trieb und am oberen Ende knapp über der Knospe schräg. Verwenden Sie dazu ein scharfes Messer oder eine scharfe Astschere, keine Ambossschere, denn diese quetscht den Trieb.

**3** Um die Wurzelbildung am unteren Ende anzuregen, wird an dieser Stelle ein Stück Rinde abgeschält. Tauchen Sie die

Schnittstelle in Bewurzelungshormonpulver (im Gartenfachhandel erhältlich).

**4** Füllen Sie einen Topf mit Anzuchterde und stecken Sie die Hölzer in das Substrat, sodass nur noch das obere Ende herausschaut. Der Abstand zwischen den Steckhölzern sollte etwa 5 cm betragen, damit sie genug Platz zum Wachsen haben.

**5** Alternativ können Sie die Steckhölzer direkt im Garten in ein Anzuchtbeet stecken. Generell werden sie so tief gesteckt, dass nur das obere Knospenpaar aus der Erde herausragt.

**6** Bis zum kommenden Herbst sollten sich die Stecklinge gut bewurzelt haben. Sie können nun an ihren endgültigen Platz im Beet verpflanzt werden.

## GEEIGNETE PFLANZEN

- Laubabwerfende Sträucher wie Forsythien, Flieder und Deutzien
- Kletterpflanzen wie Geißblatt, Jasmin und Wilder Wein
- Beerenobst wie Stachelbeeren, Johannisbeeren und Feigen
- Bäume wie Weiden und Pappeln
- Immergrüne wie Cotoneaster, Stechpalmen und Liguster

# DER GARTEN IM MÄRZ

Allmählich werden die Tage länger und die Temperaturen steigen. Im Garten kommt das Leben zurück und langsam, aber sicher geht es mit der Gartenarbeit richtig los. Rosen werden geschnitten und gedüngt, Zwiebelblumen gepflanzt, Samen gesät, Gemüse gepflanzt und Unkraut gejätet.

# MÄRZ
# Arbeiten im Überblick

## ZIERGARTEN

Sommerblühende Zwiebelblumen pflanzen
Rosen schneiden und düngen
Kletterrosen aufbinden
Schwarze Triebe zurückschneiden
Stauden zurückschneiden
Sommerflieder schneiden
Wicken säen
Einjährige Beetpflanzen säen
Unkraut jäten
Beete düngen

## GEWÄCHSHAUS

Scheiben reinigen
Pflanzen vermehren
Canna eintopfen
Jungpflanzen topfen

## OBSTGARTEN

Obstgehölze düngen
Heidelbeeren, Himbeeren und Stachelbeeren schneiden

## GEMÜSEGARTEN

Aussaat im Freien
Frühe Aussaaten schützen
Steckzwiebeln und Schalotten sowie Kartoffeln pflanzen
Salat und Kräuter aussäen
Erbsen pflanzen

## RASEN

Unkraut stechen
Rasen zum Mähen vorbereiten

## GARTENTEICH

Wasser reinigen

# Der Garten im März

## ZIERGARTEN

### PFLANZENSCHUTZ

**Schnecken.** Die zarten grünen Triebe üben eine magische Anziehungskraft auf diese schleimigen Weichtiere aus, egal ob mit Häuschen oder ohne. Schneckenkorn mit den Wirkstoffen Eisen-III-Phosphat oder Metaldehyd ist relativ unbedenklich, da diese anderen Gartenbewohnern wie Igeln nicht schaden, auch wenn sie Schnecken fressen, die das Gift aufgenommen haben. Das gilt nicht für Methiocarb-haltiges Schneckenkorn, das keinesfalls eingesetzt werden sollte, wenn man Tiere und kleine Kinder im Garten hat. Alternativ helfen auch Schneckenzäune und Kupferband, das um Töpfe gespannt wird.

### Unbedingt erledigen

**Sommerblühende Zwiebelblumen pflanzen.** Im Gegensatz zu frühlingsblühenden Zwiebelblumen, die im Herbst gepflanzt werden, müssen Zwiebel- und Knollenpflanzen, die im Sommer und Herbst blühen, im Frühling gesetzt werden. Zu diesen gehören Prärielilien (Camassien), Zierlauch, Montbretien (Crocosmien), Schopflilien, Dahlien und Gladiolen. Sie werden jetzt im Gartencenter angeboten oder vom Versandhandel verschickt. Die Zwiebeln oder Knollen müssen sich fest anfühlen und dürfen keine weichen, fauligen oder schimmeligen Stellen haben. Viele können jetzt schon gepflanzt, andere müssen im Zimmer vorgezogen werden oder dürfen erst nach den Eisheiligen Mitte Mai ins Freie. Die Etiketten geben darüber detailliert Auskunft. Wie alle Zwiebel- und Knollenpflanzen brauchen diese Pflanzen einen durchlässigen Boden mit guter Dränage. Eine Handvoll Kies oder Blähton unter der Zwiebel beim Pflanzen ist empfehlenswert.

**Rosen schneiden.** Edel- und Beetrosen werden geschnitten, wenn die Forsythien zu blühen beginnen. Schneiden Sie die Triebe auf 10–15 cm über dem Boden zurück. Je rigoroser der Rückschnitt, desto kräftigere Triebe erscheinen. Soll die Rose breitbuschiger bleiben, darf der Schnitt nicht so tief erfolgen. Kranke oder zurückgefrorene Triebe werden entfernt. Bei Strauch- und Kletterrosen werden die Seitentriebe auf drei bis vier Knospen eingekürzt. Schneiden Sie immer etwa 5 mm über einem Auge (Knospe).

**Kletterrosen aufbinden.** Kontrollieren Sie Kletterrosen und binden Sie alle Triebe, die im letzten Jahr gewachsen sind, an die Unterlage oder das Spalier. Je waagrechter die Triebe geleitet werden, desto mehr Blütenknospen setzen sie im Frühjahr an. Senkrecht aufgebundene Triebe bilden nur an der Spitze ein oder zwei Blütenbüschel.

**Rosen düngen.** Geben Sie Ihren Rosen einen guten Start in die neue Wachstumsperiode, indem Sie ihnen eine Portion Kompost, Hornspäne und Rinderdung oder Rosenspezialdünger zukommen lassen. Notieren Sie sich, dass die Rosen im Juni eine weitere Düngergabe brauchen, wenn sie den zweiten Blütenflor ansetzen.

**Sträucher mit farbiger Rinde.** Weiden und Hartriegel mit farbiger Rinde werden jetzt radikal bis zum Boden zurückgeschnitten. Schneiden Sie die Triebe vom letzten Jahr bis auf etwa 5 cm zurück, bei schwachwüchsigen Sorten wie 'Midwinter Fire' sollte jedoch nur ein Drittel der Triebe weggeschnitten werden. Wenn die Sträucher größer werden sollen, wird nur alle zwei Jahre geschnitten. Das Schnittgut kann (gehäckselt) auf den Kompost oder (getrocknet) als Haltestäbe fürs Staudenbeet verwendet werden.

# Der Garten im März

**Stauden zurückschneiden.** Stängel und Triebe von Stauden und Gräsern, die über den Winter im Beet stehen gelassen wurden, werden zurückgeschnitten, bevor die neuen Triebe erscheinen. Während man früher die Beete schon im Herbst „aufgeräumt" hat, lassen immer mehr Gärtner die trockenen Samenstände und Halme über den Winter stehen, da sie vor allem bei Schnee und Raureif äußerst attraktiv aussehen. Schneiden Sie trockene Triebe bis zum Boden zurück, grüne nur bis auf ein Drittel über der Erdoberfläche. Nach dem Rückschnitt kann der Boden mit einer Mulchschicht aus verrottetem Kompost abgedeckt werden.

**Sommerflieder schneiden.** Sommer- oder Schmetterlingsflieder bildet an den diesjährigen Trieben Blüten und wird daher jetzt zurückgeschnitten. Damit der Strauch nicht zu groß wird, werden die Vorjahrestriebe auf etwa 30 cm Länge eingekürzt. Der Schnitt erfolgt knapp oberhalb eines Knospenpaars.

## FÜNF-MINUTEN-PROJEKT

**Zwiebelblumen ausputzen**

Damit diese Frühlingsblüher keine Samen ansetzen, sondern alle Energie in den Zwiebeln für das nächste Jahr einlagern, werden die grünen Samenkapselansätze abgekniffen. Lassen Sie das Laub so lange stehen, bis es braun geworden ist und einfach herausgezogen werden kann.

## Empfehlenswerte Arbeiten

**Wicken pflanzen.** In den letzten Wochen auf der Fensterbank vorgezogene Wicken können Ende März/Anfang April ins Freie gepflanzt werden. Kneifen Sie die Triebspitze ab, damit sich Seitentriebe bilden und die Pflanze buschiger und kompakter wächst. Pflanzen Sie die Wicken an einen sonnigen Standort im Beet und sorgen Sie für eine Kletterhilfe. Das kann ein

Zaun, Reisigzweige oder etwas Maschendraht sein. Wenn Sie keine Zeit hatten, Wicken vorzuziehen, können Sie sie auch ab Ende März/Anfang April direkt ins Beet säen.

**Einjährige aussäen.** Ziehen Sie frostharte Einjährige wie Ringelblumen in Multitopfplatten vor. Dazu werden pro Einheit einige Samen ausgelegt, die später bei Bedarf vereinzelt oder ausgedünnt werden, sodass nur das kräftigste Pflänzchen weiterwächst. So vorgezogen haben die Pflanzen einen guten Wachstumsvorsprung gegenüber direkt ins Beet gesäten, außerdem vermeiden Sie so Lücken, da bei Direktsaat weniger Samen keimen. Wenn Sie doch direkt ins Beet säen möchten oder erst später im Jahr Blüten haben wollen, werden Ringelblumen, Jungfer im Grünen und Co. in feinkrümelig geharkte, unkrautfreie Beete gesät. Tipp: Säen Sie die Blumen immer in einer bestimmten Form aus, dann können Sie nach dem Keimen besser erkennen, welches die Blumen und welches Unkrautsämlinge sind.

# Der Garten im März

**Unkrautkontrolle.** Sobald es wärmer wird, erscheinen auch die ersten Unkräuter im Garten. Mit einer Hacke oder einer Schuffel werden die Blätter der Unkrautkeimlinge knapp unter der Erdoberfläche von den Wurzeln getrennt. Am besten hacken Sie an einem sonnigen Tag, dann welken die Triebe schnell und sterben ab. Nach dem Hacken wird die Erdoberfläche mit einer Mulchschicht abgedeckt, um das Keimen neuer Unkräuter zu unterdrücken. Rindenhäcksel sind besonders gut geeignet, vorausgesetzt, die Schicht ist etwa 5 cm dick. Wurzelunkräuter wie Löwenzahn müssen mit einem Unkrautstecher komplett ausgestochen oder ausgegraben werden.

**Beete düngen.** Arbeiten Sie einen organischen Volldünger in den Oberboden ein.

**Sämlinge von Lenzrosen umpflanzen.** Schnee- oder Lenzrosen kreuzen sich leicht untereinander. Graben Sie die Sämlinge, die um die Mutterpflanzen wachsen, aus und topfen Sie sie ein. Die Sämlinge bekommen oft aufregend schöne Blüten.

**Grundstecklinge von Rittersporn und Lupinen.** Neue Triebe, die an der Basis dieser Stauden erscheinen, können mit einem scharfen Messer knapp unter der Erdoberfläche abgeschnitten und wie Stecklinge in Vermehrungserde gesetzt werden.

**Kamelien ausputzen.** Bei vielen Kamelien bleiben abgeblühte oder von Frost beschädigte Knospen an den Trieben hängen. Leider gibt es nur ein Mittel gegen die braunen Blüten: von Hand absammeln.

**Blütezeit von Stiefmütterchen verlängern.** Damit Sie möglichst lange Freude an Stiefmütterchen und Hornveilchen haben, sollten welke Blüten regelmäßig entfernt werden. So bleiben die Pflanzen bis in den Mai attraktiv. Wenn Sie für diese doch recht aufwendige Arbeit keine Zeit haben, ist es besser, die Pflanzen ganz in Ruhe zu lassen, statt sie zurückzuschneiden.

## PFLANZENSCHUTZ

**Schneeballkäfer** befallen unterschiedliche Schneeballarten. Den Schaden erkennen Sie an den angefressenen Blättern dieses Zierstrauchs. Achten Sie auf kleine cremegelbe Larven, die wie Raupen aussehen. Diese ernähren sich von den neuen Blättern. Eine Bekämpfung ist mit Pyrethrum-Präparaten (z. B. Spruzit) möglich.

# Der Garten im März

**Rosen pflanzen.** In den Gartencentern werden jetzt Topf- und Ballenrosen angeboten. Im zeitigen Frühling ist die beste Zeit, eine Rose zu pflanzen. Wässern Sie die Rose gründlich, dann wird ein Loch gegraben, das so tief sein muss, dass die Veredelungsstelle der Rose etwa 5 cm unter der Erdoberfläche liegt. Vermischen Sie den Aushub mit Kompost, bevor Sie mit ihm das Loch um die Rose herum auffüllen, danach unbedingt gut andrücken oder antreten, angießen nicht vergessen.

**Bambus aufputzen.** Damit die farbigen Halme von manchen Bambusarten noch besser zur Geltung kommen, können Sie die unteren Bereiche freischneiden, d. h. die kleinen Seitentriebe entfernen. Vor einem passenden Hintergrund wirken die Halme dann noch intensiver.

**Stauden pflanzen.** Auch für viele Stauden ist jetzt die ideale Pflanzzeit. Mit getopften Stauden lassen sich Lücken in den Beeten füllen und noch im selben Jahr eine üppige Blüte erzielen. Stauden sind mehrjährige Pflanzen und treiben jedes Jahr im Frühling neu aus.

**Pampasgras zurückschneiden.** Nach vielen Jahren erlebt dieses prächtige Ziergras ein Comeback in den Gärten. Es gibt heute auch filigraner wachsende Formen wie die Art *Cortaderia richardii,* die elegante, überhängende Blütenwedel hat. Pflanzen Sie das Gras in gemischte Staudenbeete und nicht, wie in den 1970er-Jahren üblich, als Solitär mitten in den Rasen. Wenn Sie schon Pampasgras im Garten haben, werden die alten Samenstände jetzt herausgeschnitten, damit die neuen genug Platz zur Entwicklung erhalten. Die Blätter haben ziemlich scharfe Kanten, tragen Sie also unbedingt Handschuhe, wenn Sie Ihre Haut empfindlich ist.

**Pflanzen schützen.** Auch wenn der Frühling naht und die Tage immer wärmer werden, kann es nachts doch noch empfindlich kalt werden. Schützen Sie empfindliche Pflanzen wie Japanischen Fächerahorn mit einem Vlies, wenn Minusgrade angekündigt sind. Jungpflanzen und Keimlinge in den Beeten werden auf dieselbe Weise vor Schäden bewahrt. Das Vlies wirkt wie eine schützende Schneedecke und verhindert, dass zarte Blätter und Blütenknospen auskühlen und Schaden nehmen.

# Der Garten im März

## GEWÄCHSHAUS

### Unbedingt erledigen

**Scheiben reinigen.** Je mehr Staub und Schmutz sich auf den Scheiben bzw. dem Dach des Gewächshauses abgelagert hat, desto weniger Licht kann ins Innere dringen. Reinigen Sie jetzt die Scheiben von innen und außen, damit die Pflanzen so viel Licht wie möglich erhalten.

**Aussaat unter Glas.** Es gibt nichts Aufregenderes, als die ersten Keimlinge und Jungpflanzen in Töpfen und Aussaatschalen zu beobachten. Jetzt ist der ideale Zeitpunkt, um Gemüse, Sommerblumen und Stauden zum Auspflanzen ab April/Mai vorzuziehen. Auf den Samentüten sind die genauen Aussaattermine angegeben. Säen Sie nicht alle Samen einer Packung auf einmal aus, sondern verteilen Sie sie auf mehrere Sätze. Sonst haben Sie auf einmal eine Vielzahl an Jungpflanzen (und später Gemüse zum Ernten). So verteilen sich die Pflege der Jungpflanzen, das Auspflanzen und die Ernte über einen längeren Zeitraum.

### NOCH IST ES NICHT ZU SPÄT …

**… für die Aussaat** von Tomaten in einem ungeheizten Gewächshaus. Ideal ist ein heizbarer Anzuchtkasten, denn Tomaten keimen bevorzugt bei höheren Temperaturen um 20–25 °C.

**Gemüse in Kübeln kontrollieren.** Frühgemüse, das letzten Monat ausgesät wurde, ist gekeimt und hat gegenüber dem im Freiland gesäten einen Wachstumsvorsprung. Bei Kartoffeln in Kübeln wird Erde nachgefüllt, wenn die Triebe länger geworden sind, so lange, bis der Topf bis zum Rand voll ist. Diese Maßnahme fördert den Ansatz von noch mehr Kartoffelknollen an den Trieben. Außerdem verteilen sich die Knollen gleichmäßiger im Substrat und drücken sich später nicht aus der Erde (wo sie dann grün und ungenießbar werden). Wenn das Wetter keine Aussaat im Freien zulässt, können Sie auch noch einen weiteren Satz im Gewächshaus vorziehen.

## FÜNF-MINUTEN-PROJEKT

**Lüften nicht vergessen.** An sonnigen Tagen erwärmt sich die Luft im Gewächshaus schnell. Damit die Jungpflanzen und Aussaaten keinen Hitzeschock bekommen, muss gelüftet werden. Der Luftaustausch verhindert auch, dass sich Schädlinge ausbreiten und Pilzkrankheiten ansiedeln. Vergessen Sie nicht, die Lüftungsklappen abends wieder zu schließen, denn die Nächte können im März noch ziemlich kalt werden.

## Empfehlenswerte Arbeiten

**Dahlien vermehren.** Von im Februar getopften Dahlienknollen können Sie jetzt Stecklinge schneiden. Kappen Sie mit einem sauberen, scharfen Messer einen Trieb unterhalb eines Blattes von einer Knolle ab und stecken Sie ihn in feuchte Anzuchterde. Vorher wird das Blatt vorsichtig abgeschnitten – es verdunstet zu viel Feuchtigkeit. Sowohl die Knolle, die Seitentriebe bilden wird, als auch der Steckling werden noch diesen Sommer Blüten bilden.

## PFLANZENSCHUTZ

Kontrollieren Sie alle Pflanzen regelmäßig. So entdecken Sie Blätter und Triebe mit Flecken oder Pilzbefall frühzeitig, können diese entfernen und auf diese Weise eine Ausbreitung von Krankheiten verhindern.

# Der Garten im März

**Einjährige Kräuter säen.** Koriander, Kerbel und Basilikum werden unter Glas ausgesät (siehe Seite 60 f.). Für die Aussaat im Freien ist es noch zu kalt, warten Sie damit bis Mitte Mai.

**Erde bei Kübelpflanzen nachfüllen.** Auch Kübelpflanzen wie Lorbeer und Oleander, die lange im selben Pflanzgefäß wachsen und nicht umgetopft werden können, brauchen gelegentlich frische Erde. Kratzen Sie dazu die oberen Zentimeter Substrat weg und geben Sie frische Kübelpflanzenerde ins Gefäß. Sie können auch mit einem Unkrautstecher tiefe, schmale Löcher in den Ballen schneiden und frische Erde auffüllen.

**Blumenrohr eintopfen.** Blumenrohr oder Canna bringt Tropenatmosphäre ins Blumenbeet. Die großen Blätter erinnern an die von Bananen und sind genauso attraktiv wie die gelben, roten oder orangefarbenen Blüten. Im Gartencenter werden jetzt frisch getopfte Pflanzen oder Knollen angeboten, die ausgepflanzt beziehungsweise selbst getopft werden können. Achten Sie auf gestreifte Blätter, die ein Anzeichen für einen Befall mit einer Viruskrankheit sind.

**Jungpflanzen aus Multitopfplatten topfen.** Jetzt werden von den Versandgärtnereien die ersten Jungpflanzen in Multitopfplatten in handlichen Einheiten verschickt. Sie müssen sofort nach der Ankunft ausgepackt, gewässert und neu getopft werden. Lässt man sie zu lange in der Anzuchteinheit, „verhocken" sie, das heißt das Wachstum gerät ins Stocken.

**Pikieren.** Sobald die Sämlinge groß genug sind, dass man sie aus der Aussaatschale nehmen kann, werden sie in größere Gefäße pikiert, damit sie mehr Platz für die weitere Entwicklung haben. Beim Hantieren mit den Sämlingen dürfen diese niemals am Stiel angefasst werden, sondern nur an den Blättern. Mit einem Bleistift oder Pikierstab werden sie vorsichtig aus der Anzuchterde gehoben, in ein vorbereitetes Pflanzloch im neuen Gefäß gesetzt, angedrückt und angegossen.

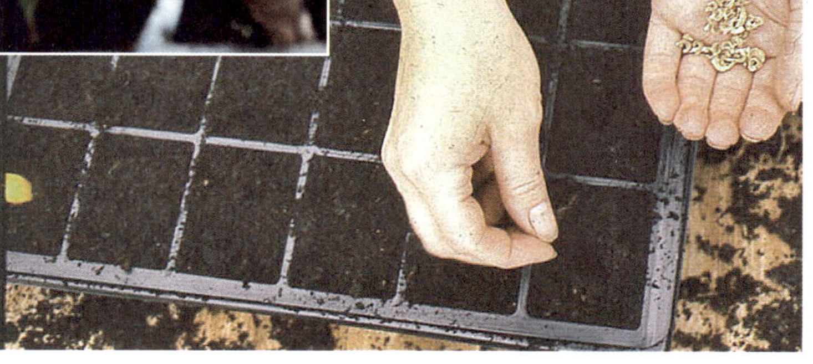

**„Kostenlose" Pflanzen aus der Gärtnerei.** Halten Sie beim Pflanzenkauf die Augen offen nach kräftigen, mehrtriebigen Pflanzen wie dieser Funkie rechts. Solche Pflanzen können nach dem Austopfen in mehrere Teilstücke geteilt werden. Achten Sie beim Teilen von Stauden darauf, dass jedes Teilstück mindestens einen Trieb und Wurzeln hat. Nach dem Umtopfen gut angießen.

# Der Garten im März

## OBSTGARTEN

### Unbedingt erledigen

**Düngen.** Schwarze Johannisbeeren, Pflaumen, Kirschen, Äpfel und Birnen sind für eine stickstoffbetonte Startdüngung, zum Beispiel mit Ammoniumsulfat, dankbar.

**Heidelbeeren zurückschneiden.** Zuerst werden alte, kranke und abgestorbene Triebe entfernt. Wenn der Strauch drei oder mehr Jahre alt ist, werden ein oder zwei der älteren Triebe in Bodennähe abgeschnitten, um eine Verjüngung zu fördern. Unterbleibt dies, lässt der Ertrag im Laufe der Zeit nach.

### Empfehlenswerte Arbeiten

**Rhabarber ernten.** Die ersten Rhabarberstangen von verfrühten Pflanzen können nun geerntet werden. Beim Ernten ist es besser, die Stiele herauszuziehen als sie abzuschneiden, da an den Schnittwunden leicht Krankheitserreger eindringen können.

**Himbeeren schneiden.** Alte Triebe von herbsttragenden Himbeeren müssen bis zum Boden zurückgeschnitten werden, wenn die neuen Triebe aus der Erde erscheinen. Bei sommertragenden Sorten werden nur die Spitzen der Triebe, die über die Rankhilfe hinausragen, eingekürzt. Eine Mulchschicht ist sinnvoll, bedecken Sie die neuen Triebe aber nicht zu hoch.

**Stachelbeeren schneiden.** Stachelbeeren sind so unkompliziert und anspruchslos, dass ihre Pflege oft vernachlässigt wird. Durch den richtigen Schnitt bleiben sie gesund und der Ertrag hoch. Werden die Sträucher hingegen nicht geschnitten und wachsen zu dicht, bekommen die Blätter Mehltau. Schneiden Sie daher die Seitentriebe auf 5–8 cm zurück und kappen Sie die Spitzen der Haupttriebe auf drei bis vier Knospen des jungen Holzes. Im Innern des Strauches zu dicht stehende Triebe und solche, die über Kreuz wachsen, werden ebenfalls ausgelichtet. Nach dem Schnitt sind eine Mulchschicht und Düngergabe empfehlenswert.

# GEMÜSEGARTEN

## Unbedingt erledigen

**Im Freien säen:**

- Rote Bete, Mangold, Erbsen, Frühkarotten, Pastinaken, Rüben, Kohlrabi, Spinat, Frühlingszwiebeln, Rettich
- Salat, Kräuter, Salatkräuter und Asia-Salate

**Auspflanzen:**

- Frühkartoffeln (Ende März unter Vlies bzw. Folie)

**Unter Glas aussäen:**

- Auberginen, Gurken, Melonen, Paprika und Tomaten
- Stangen- und Knollensellerie – säen Sie sie in Multitopfplatten. Die Samen dürfen nicht mit Erde bedeckt werden, da Sellerie Licht zum Keimen braucht.
- Lauch, Zwiebeln und Schalotten als Alternative zu Steckzwiebeln (siehe Seite 19). Säen Sie dünn in Saatschalen und vereinzeln Sie die Keimlinge später.
- Rosenkohl, Sommerkohl, Sprossenbrokkoli, Brokkoli und Blumenkohl
- Dicke Bohnen in Töpfen

**Gemüse direkt säen.** Nach Monaten des Wartens beginnt ab Ende März die Saison im Gemüsegarten und die ersten Gemüse können direkt ins Beet gesät werden (siehe Seite 60 f.). Wenn das Wetter nass und kalt ist, warten Sie besser noch ein paar Tage, bis die Bedingungen besser werden. Decken Sie die Erde so lange mit dunkler Mulchfolie oder Vlies ab, dann erwärmt sie sich schneller (siehe Seite 18).

**NOCH IST ES NICHT ZU SPÄT …**

… für die Pflanzung von Topinamburknollen (siehe Seite 32).

# Der Garten im März

**Frühe Aussaaten schützen.** Eine Abdeckung Vlies schützt Keimlinge vor Kälte. Gleichzeitig erwärmt sich der Boden unter der Abdeckung, was das Wachstum fördert. Manche Gemüse wie Rote Bete neigen dazu zu schießen oder schossen, d. h. vorzeitig zu blühen, wenn sie zu früh oder ohne Schutz gesät wurden.

## Empfehlenswerte Arbeiten

**Zwiebeln und Schalotten pflanzen.** Zwiebeln sind auf dem Markt oder im Gemüseladen zwar nicht besonders teuer, aber sie sind auch so unkompliziert im Anbau, dass man sich leicht selbst versorgen kann. Rechnen Sie also aus, wie viele Zwiebeln Sie vom Spätsommer bis ins nächste Frühjahr in der Küche verbrauchen, und pflanzen Sie genau diese Anzahl. Sie können Zwiebeln aus Samen anziehen, einfacher geht es aber mit Steckzwiebeln. Steckzwiebeln werden mit oder ohne Wärmebehandlung angeboten.

- Unbehandelte Steckzwiebeln können ab März gepflanzt werden, sobald sich der Boden erwärmt hat.
- Wärmebehandelte Steckzwiebeln können auch noch im April gesetzt werden, da sie durch die Wärmebehandlung nicht zum Schossen neigen.
- Steckzwiebeln können ab Juli/August geerntet werden und lassen sich leicht bis ins nächste Frühjahr lagern.
- Geschossene Zwiebeln lassen sich nicht lagern, können aber frisch verwendet werden.

Schalotten sind süßer und feiner im Geschmack, aber etwas teurer. Dafür lassen sie sich unglaublich lange lagern. Schalottensteckzwiebeln werden mit einer Handschaufel gesetzt, damit sie nicht beschädigt werden. Der Reihenabstand beträgt etwa 30 cm, zwischen den Zwiebelchen in der Reihe reichen 15 cm.

**Kartoffeln pflanzen.** Ende März können Frühkartoffeln gepflanzt werden. Gute Sorten sind 'Anuschka' und 'Bellaprima', die ab Januar vorgetrieben werden können. Bei kaltem Wetter ist es besser, bis April mit dem Auspflanzen zu warten. Sie brauchen zur Pflanzung keinen Graben auszuheben, es reicht, die Knollen etwa 15 cm tief mit einer Handschaufel einzugraben. Der Pflanzabstand sollte etwa 25–30 cm, der Reihenabstand 50–60 cm betragen. Mit einem speziellen Kartoffelpflanzer geht es noch einfacher. Eine Mulchschicht aus Grüngutkompost hält die Feuchtigkeit im Boden und wird nach und nach von Regenwürmern in

tiefere Bodenschichten transportiert. Kartoffeln können auch in großen Kübeln gezogen werden. Dazu legen Sie die Knollen auf eine etwa 10 cm dicke Erdschicht und füllen nach und nach Blumenerde nach, wenn die Triebe länger werden, bis der Kübel voll ist. Am Gewicht können Sie testen, ob gegossen werden muss.

**Salat säen.** Jetzt können auch die ersten Reihen Schnittsalat im Freien ausgesät werden. Wenn Sie nur verschiedene Sorten für gemischte Salate anbauen möchten, ist es sinnvoll, jede Sorte in eine eigene Reihe zu säen und die Samen nicht zu mischen. Da die Sorten unterschiedlich schnell und breit wachsen, würden sich die Pflanzen in einer eigenen Mischung nur gegenseitig im Wachstum behindern. Denken Sie an eine vorbeugende Maßnahme zur Schneckenbekämpfung wie einen Schneckenzaun oder das prophylaktische Ausstreuen von unbedenklichem Schneckenkorn auf Eisen-III-Phosphat-Basis oder Metaldehyd-Basis. Damit der Salat nicht von Unkraut überwachsen wird, ist es manchmal ratsam, ihn in Hochbeeten oder großen Pflanzkästen zu säen. Zwischen den Salatblättern Unkraut zu jäten oder zu hacken ist ausgesprochen mühsam.

**Küchenkräuter säen.** Beginnen Sie mit kälteunempfindlichen Arten wie Petersilie, Kerbel und Schnittlauch. Petersilie keimt sehr langsam und unregelmäßig, achten Sie auf frisches Saatgut. Das gilt auch für Schnittlauch; Samen, die älter als ein Jahr sind, keimen nur noch selten. Unter einer schützenden Vliesschicht keimen die Jungpflanzen schneller.

**Erbsen auspflanzen.** Ende März können Erbsen, die in Regenrinnen (siehe Seite 31) vorgezogen wurden, ins Beet gepflanzt werden. Härten Sie die Pflanzen vorher ein bis zwei Wochen ab. Mit einer Schuffel wird eine schmale Rinne ins Beet gezogen, so breit und tief wie die Regenrinne. Dann lassen Sie die durchwurzelte Erde mitsamt den Pflanzen einfach aus der Regenrinne in den Graben ins Beet gleiten. Die Lücken mit Erde anhäufeln, leicht angießen, fertig. Säen Sie anschließend eine zweite Reihe Erbsen direkt daneben, damit Sie drei bis vier Wochen nach der ersten Ernte gleich den nächsten Satz Erbsen pflücken können. Erbsen brauchen eine Kletterhilfe oder Reisigzweige, die zwischen die Reihen gesteckt werden.

# Der Garten im März

## PFLANZENSCHUTZ

**Mehltau an Kohl.** Entfernen Sie welke und vergilbende Blätter sofort, damit sich Krankheiten wie Grauschimmel und Mehltau nicht ausbreiten können.

**Dicke Bohnen auspflanzen.** Dicke Bohnen oder Ackerbohnen, die Sie vor ein paar Wochen im Gewächshaus oder auf der Fensterbank in Töpfen vorgezogen haben, können jetzt ausgepflanzt werden. Säen Sie einen zweiten Satz direkt ins Beet, das verlängert die Erntesaison. Wenn der Boden noch nass und kalt ist, kann der zweite Satz auch in Töpfen im Haus vorgezogen werden. Der Pflanzabstand sollte etwa 20 cm betragen. Dicke Bohnen können in Bändern oder Gruppen gepflanzt werden und brauchen eine Kletterhilfe.

**Kohl aussäen.** Brokkoli, Sommerblumenkohl und Rosenkohl können jetzt ausgesät werden, geschützt im Freien oder unter Glas im Frühbeet oder im Gewächshaus. Als Gefäße eignen sich 7-cm-Töpfe oder Multitopfplatten. Als beste Sorten gelten F1-Hybriden, die zwar teuer sind, aber einen guten Ertrag haben und sicher keimen. Verschließen Sie die Samentüte gut, nicht benötigte Samen lassen sich kühl und dunkel bis zum nächsten Jahr aufbewahren. Und bedenken Sie bei der Aussaat, dass Blumenkohl in kurzer Zeit seinen Kopf bildet – ziehen Sie also immer nur wenige Pflanzen im Abstand von zwei Wochen an, damit nicht zu viele auf einmal erntereif werden. Brokkoli bildet nach der Ernte des Haupttriebs viele Seitensprosse, die nach und nach über einen langen Zeitraum abgeerntet werden können.

**Frühlingskohl düngen.** Mit organischem Dünger wie Pellets aus Geflügeldung geben Sie Ihren Kohlpflanzen einen guten Start in die Saison. Schneiden Sie nach der Ernte den verbliebenen Strunk kreuzweise ein, dann bilden sich zarte Seitentriebe oder Minikohlköpfe, die später geerntet werden können.

**Lückenfüller.** Am Anfang des Jahres gibt es im Gemüsegarten noch viele offene Stellen in den Beeten, an denen nichts wächst. Das sind zum einen die Beete, die erst später mit wärmeliebenden Gemüsen bepflanzt werden, und zum anderen Beetflächen zwischen Gemüsepflanzen, die jetzt noch klein sind, später aber groß und ausladend werden wie Kopfkohl, Zucchini und Buschbohnen. Dieser Platz kann mit Lückenfüllern genutzt werden – säen Sie kurze Reihen von Radieschen, Asia-Salaten wie Mizuna, Senfkohl oder Rauke, Frühlingszwiebeln, Spinat, Mangold und Schnittsalat. Sie sollten bis Ende Mai abgeerntet werden können, wenn die „eigentliche" Kultur aufs Beet soll. Auch Salat, der in Töpfen vorgezogen wurde, kann nun ausgepflanzt werden. Vergessen Sie das prophylaktische Ausstreuen von Schneckenkorn oder einen Schneckenzaun nicht.

**In Sätzen säen.** Statt in der Hoffnung auf eine lange Erntezeit lange Reihen zu säen, ist es besser, das gleiche Gemüse in kurzen Reihen im Abstand von zwei Wochen auszusäen. So können Sie kontinuierlich über einen langen Zeitraum ernten und haben laufend junge, zarte Pflanzen für die Küche. Diese Methode ist ideal für Rote Bete, Möhren (Karotten), Salat, Erbsen und Buschbohnen.

**Gründüngung untergraben.** Wenn Sie im August des Vorjahres (siehe Seite 151) eine Gründüngung eingesät haben, ist es nun an der Zeit, diese abzumähen und unterzugraben.

## FÜNF-MINUTEN-PROJEKT

**Erbsen aufleiten.** Leiten Sie die Triebe der jungen Erbsenpflanzen an den Reisigzweigen empor, damit die Hülsen nicht auf dem Boden liegen. Reisigzweige sind das beste Material als Rankhilfe, denn sie können mitsamt den abgeernteten Erbsenpflanzen kompostiert werden.

# Der Garten im März

## RASEN

### Unbedingt erledigen

**Unkraut entfernen.** Mit steigenden Temperaturen wächst nicht nur das Gras im Rasen, sondern auch viele Unkräuter. Sie sollten entfernt werden, bevor sie Samen ansetzen und sich so weiter ausbreiten können. Am besten stechen Sie sie gezielt mit einem Unkrautstecher oder Messer aus. Der Einsatz von chemischen Pflanzenvernichtungsmitteln ist im Garten nicht ratsam.

### Empfehlenswerte Arbeiten

**Rasen vorbereiten.** Wenn dies nicht schon im Herbst erledigt wurde, können Sie jetzt noch abgestorbene Halme sowie Moos mit einem Rechen aus der Grasnarbe entfernen, bevor Sie Rasen mähen.

**Kahle Stellen ausbessern.** Kahle Stellen werden ausgekratzt und entweder mit einem Stück Grasnarbe ausgebessert oder ab April nachgesät.

**Rasen mähen.** Der Rasen sieht nach dem Winter meist recht ungepflegt aus. Wenn das Gras den ersten Wachstumsschub hinter sich hat, sorgt eine erste Mahd für ein ordentlicheres Aussehen. Stellen Sie die Schnitthöhe anfangs so hoch wie möglich ein und mähen Sie nur, wenn es ein paar Tage trockener war und nicht geregnet hat.

# GARTENTEICH

## Unbedingt erledigen

**Wasser sauber halten.** Entfernen Sie Algen und Laub aus dem Teich. Lassen Sie diese am Teichrand abtrocknen, bevor sie kompostiert werden, dann können sich Tiere, die sich darin versteckt hatten, zurück in den Teich retten.

## Empfehlenswerte Arbeiten

**Einen Teich anlegen.** Wenn Sie noch keinen Teich im Garten haben, ist jetzt der ideale Zeitpunkt, um einen anzulegen. Er wird dann noch rechtzeitig zum Frühjahr fertig. Alternativ können Sie einen vorhandenen Teich, der nicht mehr schön ist, in ein Moorbeet umwandeln, indem Sie ihn leer räumen und mit Torf auffüllen. Die Teichfolie bleibt dabei erhalten. Achten Sie darauf, dass noch keine Kröten, Frösche oder Molche dort abgelaicht haben. In einem Moor- oder Sumpfbeet können feuchtigkeitsliebende Pflanzen gepflegt werden, ohne dass man sich bei Trockenheit Gedanken über ständiges Gießen machen muss.

### FÜNF-MINUTEN-PROJEKT

**Fische füttern.** Wenn die Wassertemperatur im Teich steigt und die Fische wieder aktiv werden, können Sie langsam mit der Fütterung beginnen. Das Wasser sollte eine Temperatur von mindestens 5–8 °C haben. Futter, das nicht innerhalb von 5 min gefressen wird, sollte entfernt werden, damit es nicht auf den Grund sinkt und verfault. Sind die Fische noch träge und kommen nicht zur Fütterung, warten Sie einfach noch ein paar Tage. Es ist auf jeden Fall besser, wenig oder nicht zu füttern als zu viel.

## ZUBEHÖR

**DRAUSSEN**

- Harke/Rechen
- Hacke
- Schnur mit Pflöcken
- Pikierstab

**DRINNEN**

- Aussaatschalen, Töpfe, Multitopfplatten
- Aussaat- oder Anzuchterde
- Etiketten und wasserfester Stift
- Anzuchtgewächshaus oder durchsichtige Kunststoffhaube zum Abdecken
- Quarzsand oder Vermiculit zum Abdecken der Samen
- Ballbrause

# SO WIRD AUSGESÄT

Pflanzen aus Samen anzuziehen, ist eine kostengünstige und einfache Vermehrungsmethode. Eine Portion Samen kostet nur wenige Cent oder Euro, ein Bruchteil dessen, was fertig vorgezogene Jungpflanzen kosten. Von vielen Gemüsen und anderen Gartenpflanzen können Sie auch selbst Samen ernten oder größere Packungen mit benachbarten Gärtnern teilen.

## Aussaat direkt ins Beet

**1** Bereiten Sie das Saatbeet vor, indem Sie die Erde hacken, jäten und mit einem Rechen feinkrümelig glatt ziehen. Anschließend wird die Krume mit der Rückseite des Rechens leicht angedrückt.

**2** Entlang einer gespannten Schnur wird mit einem Dibber oder einer Hacke eine Rille gezogen. Die Tiefe hängt von der Gemüseart ab, die Sie säen möchten, die Angaben dazu stehen auf der Samentüte.

**3** Säen Sie die Samen so aus, wie es auf der Packung angegeben ist. Damit die Samen nicht alle auf einmal aus der Tüte fallen, ist es besser, eine kleine Portion in eine Hand zu nehmen und die Samen mit den Fingern in die Rille zu legen. Mit Erde bedecken und angießen.

**4** Wenn die Keimlinge erscheinen, werden schwache und kränkliche sowie zu dicht stehende einfach herausgezogen. Man nennt dies vereinzeln oder verziehen.

## Aussaat drinnen

**1** Füllen Sie eine Saatschale, kleine Töpfe oder eine Multitopfplatte mit Aussaaterde. Gröbere Brocken können mit den Fingern zerkrümelt werden, damit sich keine Lufteinschlüsse bilden. Klopfen Sie die Gefäße auf die Unterlage, damit sich die Erde gut setzt. Überschüssiges Material abstreifen.

**2** Drücken Sie die Erde mit einem Stempel oder Brett an, dann keimen die Samen besser, da sich keine Lufteinschlüsse im Substrat befinden. Säen Sie die Samen so aus, dass die einzelnen Körner im Abstand von etwa 5 mm auf der Oberfläche liegen.

**3** Decken Sie die Samen mit einer dünnen Schicht Vermiculite, Quarzsand oder Erde ab. Lichtkeimer wie Sellerie und Basilikum dürfen nur mit Vermiculit oder Sand abgedeckt werden. Mit einer Ballbrause angießen und mit durchsichtigem Kunststoff abdecken. Hell und geschützt aufstellen.

**4** Sobald die Sämlinge das erste echte Blatt gebildet haben, können sie pikiert, also einzeln oder in kleinen Gruppen in größere Töpfe umgepflanzt werden. Heben Sie sie dazu vorsichtig mit einem Pikierstab oder Bleistift aus der Anzuchterde heraus.

**5** Mit dem dicken Ende des Pikierstabs wird im neuen Topf ein Loch gebohrt und der Keimling vorsichtig hineinstellt. Halten Sie die Keimlinge nie am Stiel, sondern immer an den Blättern fest. Der Stiel ist empfindlich und wird leicht gequetscht. Leicht andrücken und angießen, hell aufstellen.

## Tipps

**Kleine Samen aussäen:** Mischen Sie sehr feine Samen mit Quarzsand, dann lassen sie sich besser aussäen.

**Große Samen aussäen:** Säen Sie immer zwei Samen pro Topf aus, der schwächere Keimling wird später herausgenommen und verworfen. In Multitopfplatten wird ein Samen pro Topf gesät.

### PROBLEME

**Umfallkrankheit.** Wenn die Sämlinge welken und umkippen, liegt das oft an einer zu dichten Aussaat und zu nassem Substrat. Die Wurzeln werden von Pilzen befallen, sterben ab und der Sämling geht ein.

**Vergeilen.** Bekommen die Keimlinge lange, dünne Stiele, sind zu wenig Licht und/oder zu hohe Temperaturen sowie eine zu dichte Aussaat die Ursachen. Die Aussaatschalen müssen so hell wie möglich aufgestellt werden.

# DER GARTEN IM APRIL

**Nachdem der Frühling endlich Einzug gehalten hat, gibt es im Garten viel zu tun. Viele Gemüse können nun direkt ins Beet gesät werden, welke Blüten von Frühlingsblühern können ausgeputzt und Staudenbeete gedüngt werden. Obstbäume und -sträucher erhalten eine Mulchschicht und Erdbeerbeete werden vorbereitet.**

VITAX Q4

# APRIL
# Arbeiten im Überblick

## ZIERGARTEN

Beete düngen
Sträucher zurückschneiden
Blattschmucksträucher auf den Stock setzen
Blattstecklinge schneiden
Frostharte Sommerblumen auspflanzen
Hohe Stauden stützen
Sträucher mulchen
Pflanzen teilen
Immergrüne pflanzen
Hortensien zurückschneiden
Zwiebelblumen ausputzen

## GEWÄCHSHAUS

Kräuter aussäen
Gewächshausgemüse auspflanzen
Stecklinge schneiden

## OBSTGARTEN

Obstbäume und -sträucher mulchen
Zitruspflanzen düngen
Himbeeren pflanzen

## GEMÜSEGARTEN

Wurzelgemüse für die Winterernte säen
Lückenfüller säen
Sämlinge ausdünnen
Unkraut jäten

## RASEN

Harken/rechen
Düngen und nachsäen

## GARTENTEICH

Fadenalgen entfernen
Große Sumpfpflanzen teilen

# Der Garten im April

## ZIERGARTEN

### Unbedingt erledigen

**Blumenbeete düngen.** Im Frühling, wenn das Wachstum beginnt und die Pflanzen viele neue Triebe bilden, brauchen sie wieder mehr Nährstoffe. Sie profitieren daher von einer Düngergabe. Ein organischer Volldünger ist ideal. Er wird auf die Erdoberfläche gestreut und leicht eingeharkt. Anschließend wird der Boden mit einer etwa 5 cm dicken Mulchschicht aus Rindenhumus oder Grüngutkompost bedeckt. Wenn es noch kalt ist, warten Sie mit dem Mulchen, denn die Mulchschicht isoliert und verhindert, dass sich der Boden bei Sonneneinstrahlung schneller erwärmt. Dosieren Sie den Dünger genau so, wie auf der Packung angegeben, denn eine Überdosierung führt zu Wurzelschäden.

**Frühlingsblühende Sträucher schneiden.** Sträucher wie die Forsythie, die jetzt verblüht sind, werden unmittelbar nach der Blüte geschnitten. So können sie in der kommenden Saison viele neue Triebe mit Blütenknospenansätzen für das nächste Frühjahr bilden. Beim Rückschnitt werden alte Triebe stark zurückgeschnitten, jüngere auf etwa 20 cm eingekürzt. Etwa ein Fünftel der ganz alten Triebe wird zur Verjüngung ganz herausgeschnitten. Auch

## NOCH IST ES NICHT ZU SPÄT …

**… für die Pflanzung** von sommerblühenden Zwiebelblumen (siehe Seite 40).

**… um zarte Neutriebe** (vor allem von Funkien) vor Schnecken zu schützen (siehe Seite 40).

**… für den Rosenrückschnitt.** Entfernen Sie abgestorbene Triebe und düngen Sie die Rosen nach dem Schnitt (siehe Seite 40 f.).

Lavendel bleibt durch einen leichten Rückschnitt im Wuchs kompakter, dabei darf er aber nicht ganz bis ins alte Holz zurückgeschnitten werden.

**Blattschmucksträucher auf den Stock setzen.** Mit einem Trick kann man manche Sträucher und Bäume wie Perückenstrauch, Holunder und Blauglockenbaum dazu anregen, besonders große und prächtige Blätter zu bilden. Diese Technik nennt man „auf den Stock setzen" oder „Coppicing." Dabei werden alle Triebe bis auf wenige Knospen knapp über dem Boden zurückgeschnitten. Die ganze Kraft der Wurzeln verteilt sich dann auf wenige Augen bzw. Triebe mit entsprechend großer Belaubung und dicken Trieben. Sie können auch zwei oder drei Triebe aus dem Vorjahr stehen lassen, damit die Pflanze nicht ganz so stark gestutzt wirkt. Eine dicke Mulchschicht aus Kompost und eine Düngergabe geben dem Strauch zusätzlich einen guten Start.

# Der Garten im April

**NOCH IST ES NICHT ZU SPÄT ...**

**... um Sommerblumen auszusäen.** Der Boden hat sich schon erwärmt und Sie können direkt ins Beet säen. Schöne Sommerblumen sind Ringelblumen, Jungfer im Grünen, Sonnenblumen, Kornblumen, Kapuzinerkresse und Schleifenblumen (siehe auch Seite 60 f.).

## Empfehlenswerte Arbeiten

**Stecklinge schneiden.** Überwinternde Balkon- und Kübelpflanzen wie Geranien (Pelargonien), Buntnesseln, Fuchsien und Wandelröschen bilden nun neue Triebe, die zur Stecklingsvermehrung verwendet werden können. Schneiden Sie die jungen Triebe knapp unterhalb eines Blattes oder einer Knospe ab, entfernen Sie die unteren Blätter, tauchen Sie die Spitze in Bewurzelungshormonpulver und setzen Sie die Stecklinge in kleine Töpfe mit feuchter, aber nicht nasser Anzuchterde. In einem kleinen Minigewächshaus für die Fensterbank bewurzeln sie sich schnell und können ab Ende Mai ins Freie. Besprühen Sie die Stecklinge mit weichem (kalkfreiem) Wasser, damit sie nicht welken.

**Wicken auspflanzen.** Vorgezogene Wicken können Mitte April nach dem Abhärten ins Beet gepflanzt werden. Binden Sie die Triebe gleich an die zukünftige Rankhilfe.

**Hohe Stauden stützen.** Besonders „kopflastige" Stauden mit großen, schweren Blüten wie Rittersporn, Lupinen, Pfingstrosen, Margeriten und hohe Glockenblumen sind für eine Stütze dankbar, denn sie knicken im Sommer bei Regen oder Wind sonst leicht um. Als Stütze eignen sich spezielle Staudenringe, Netze und Stäbe, aber auch einfache Reisigzweige wie im Erbsenbeet erfüllen ihren Zweck. Platzieren Sie Staudenringe und Staudenstützen, bevor die Triebe aus dem Boden kommen – dann

wachsen die Pflanzen von ganz alleine in ihre Stützhilfen und müssen nicht mühsam angebunden werden. Außerdem ist so die Gefahr geringer, dass zarte Triebe beschädigt werden.

**Sträucher mulchen.** Damit sich die Bodenfeuchtigkeit länger hält, wird der Boden unter Sträuchern mit einer Mulchschicht aus Rindenhumus bedeckt. Besonders wichtig ist diese Maßnahme bei Rhododendren, Azaleen und Kamelien, deren Blütenansatz von einer ausreichenden Bodenfeuchtigkeit abhängig ist. Stehen sie im Frühling zu trocken, fällt die Blüte im nächsten Jahr eher spärlich aus. Vor dem Mulchen kann bei Bedarf noch Dünger ausgebracht werden.

**Pflanzen teilen.** Große Staudenhorste können jetzt noch ausgegraben, geteilt und umgepflanzt werden, damit sie wüchsig und vital bleiben.

**Schnäppchenjagd.** Vor allem am Wochenende gibt es im Gartencenter günstige Lockangebote, die schnell ausverkauft sind. Machen Sie sich eine Einkaufsliste, damit Sie Versuchungen widerstehen können und wirklich nur das kaufen, was Sie brauchen.

# Der Garten im April

## PFLANZEN-SCHUTZ

**Blattläuse** an jungen Trieben kann man einfach mit den Fingern abstreifen oder mit einem scharfen Wasserstrahl abspritzen. Da sie die erste Nahrung für viele Vögel sind, die nun zu nisten beginnen, verbietet sich der Einsatz giftiger Pflanzenschutzmittel.

**Lilienhähnchen.** Achten Sie auf diesen kleinen, leuchtend rot-schwarzen Käfer und seine dunklen Larven – sie können in kurzer Zeit Ihre Lilien kahl fressen! Sammeln Sie alle Käfer, die Sie entdecken, von Hand ab. Achtung: Die Käfer lassen sich schnell fallen, wenn man an die Pflanze stößt, halten Sie deshalb eine Hand unter den Käfer, während Sie ihn mit der anderen absammeln.

**Unkraut.** Nach diesen fünf Unkräutern müssen Sie Ausschau halten: (1) Löwenzahn, (2) Ackerwinde, (3) Behaartes Schaumkraut, (4) Kletten-Labkraut und (5) Sumpfkresse. Jäten und hacken Sie regelmäßig, damit sie keine Samen ansetzen. An warmen Tagen reicht es oft, mit der Hacke oder einer Schuffel über die Erdoberfläche zu ziehen und die Pflanzen zu entwurzeln. Sie welken sofort und gehen ein. Wurzelunkräuter wie Löwenzahn, Ackerwinde und Quecke müssen ausgegraben werden.

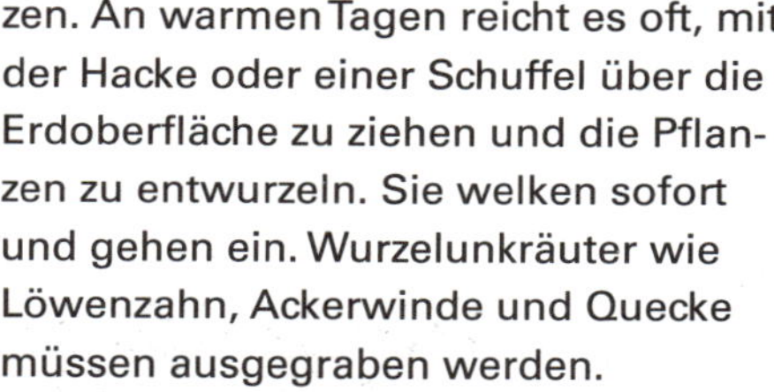

**Pflanzen.** Jetzt ist der ideale Zeitpunkt für die Pflanzung von Lorbeerkirschen, Stechpalmen und anderen Immergrünen. Auch Stauden werden jetzt gepflanzt, sie wachsen im Frühling besser an, weil der Boden noch feucht und das Wetter nicht zu heiß ist. Ab Ende April/Anfang Mai können auch Gladiolenzwiebeln und Dahlienknollen gepflanzt werden, wenn das Wetter schon wärmer ist. Im Zweifelsfall warten Sie besser bis Mitte/Ende Mai.

**Selbstausgesäte Pflanzen im Auge behalten.** Viele Stauden und Zweijährige versamen sich leicht. Pflanzen Sie die größten Sämlinge in kleine Töpfe und verschenken Sie sie an Nachbarn und Freunde. Der Rest wird wie Unkraut gejätet oder gehackt. Wenn Sie unsicher sind, ob es sich um eine Gartenpflanze oder Unkraut handelt, warten Sie noch etwas ab. Dabei werden auch „wilde" Sämlinge von Bäumen wie Ahorn und Birke entfernt.

**Stauden und Gräserhorste verjüngen.** Etablierte Stauden- und Gräserhorste werden mit der Zeit blühfaul, wenn sie zu groß und dicht geworden sind. Um das zu verhindern, gräbt man sie aus, teilt sie in zwei oder drei Teilstücke und trennt alte und abgestorbene Teile ab. Die neuen Stücke werden an einer anderen Stelle im Beet wieder eingepflanzt. Das Teilen geht mit einem Spaten oder einer Grabegabel relativ leicht, manchmal hilft auch ein Küchenmesser oder eine kleine Säge beim Zerteilen harter Teile.

**Hortensien schneiden.** Die abgeblühten Triebe von Ball- und Tellerhortensien werden um zwei bis drei Knospenpaare eingekürzt. Wenn Sie große Blütenstände erzielen möchten, sollten sie bis auf zwei Knospen über der Erde zurückgeschnitten werden.

**Malven zurückschneiden.** Buschmalven *(Lavatera)* können Ende April radikal zurückgeschnitten werden, dann bilden sich an der Basis kräftige, junge Triebe, die im Sommer blühen.

**Wildtriebe an Rosen entfernen.** Wildtriebe wachsen aus der Veredelungsunterlage unter der Erdoberfläche und müssen entfernt werden. Man erkennt sie an den helleren, anders geformten Blättern. Graben Sie dazu die Erde an der Basis des Rosenstocks zur Seite und reißen Sie den Wildtrieb ab – nicht abschneiden!

**Kletterpflanzen aufbinden.** Der Blütenansatz ist besonders üppig, wenn die Triebe möglichst waagrecht angebunden werden.

## FÜNF-MINUTEN-PROJEKT

**Frühlingsblumen ausputzen.** Damit Zwiebelblumen ihre ganze Kraft für die Bildung neuer Speicherorgane aufwenden und nicht in (unnötige) Samen investieren, sollten die Samenkapselansätze von Tulpen und Narzissen nach dem Welken der Blüten abgekniffen werden. Die Blätter werden erst entfernt, wenn sie braun sind und sich leicht aus dem Boden ziehen lassen.

# Der Garten im April

## GEWÄCHSHAUS

### Unbedingt erledigen

**Kräuter aussäen.** Statt dauernd Kräutertöpfe im Supermarkt für teures Geld zu kaufen, können Sie die Kräuterarten und -sorten, von denen Sie in der Küche regelmäßig eine größere Menge benötigen, auch selbst ziehen. Besonders leicht wachsen Basilikum, Petersilie, Schnittlauch, Majoran und Dill in Töpfen auf der Fensterbank (siehe Seite 60 f.).

**Gewächshausgemüse umtopfen.** Die Jungpflanzen von Tomaten, Auberginen und Gurken sind nun herangewachsen und müssen in größere Gefäße umgetopft werden, wenn sie ihre derzeitigen Töpfe ausfüllen. Wenn Sie mehrere Pflanzen pro Topf gesät haben, können diese nun in separate Töpfe vereinzelt werden. Fassen Sie die Jungpflanzen immer an den Blättern und nicht am Stiel an, da dieser leicht gequetscht werden kann. Füllen Sie etwas Erde in den neuen Topf, drücken Sie mit dem Dibber oder den Fingern ein Loch hinein und setzen Sie die Jungpflanze hinein, dann andrücken und angießen. Wenn Sie zur Aussaat ein Minigewächshaus verwendet haben, müssen die Sämlinge durch immer längeres Öffnen der Haube langsam an die Bedingungen im „freien" Gewächshaus gewöhnt werden.

## Empfehlenswerte Arbeiten

**Stecklinge von Lupinen und Rittersporn schneiden.** Die neuen Triebe von diesen Stauden können wie Grundstecklinge verwendet und nach dem Abschneiden separat in Anzuchterde eingetopft werden.

**Pflanzen aus Multitopfplatten.** Neu gekaufte Jungpflanzen von Beet- und Balkonpflanzen mit Wurzelballen sollten sofort ausgepackt und neu getopft werden.

**Sommerblumen säen.** Auf dem Etikett der Samenpackung finden Sie alle Infos zur Aussaat der jeweiligen Sommerblumenart. Säen Sie nicht zu dicht und pikieren Sie die Sämlinge rechtzeitig, damit sie nicht vergeilen (lang und weich wachsen, siehe Seite 51).

**Sämlinge gießen.** Kontrollieren Sie Ihre Aussaaten regelmäßig, denn sie dürfen nicht austrocknen. Besonders an warmen, sonnigen Tagen kann es vorkommen, dass sie zweimal täglich überbraust werden müssen.

### FÜNF-MINUTEN-PROJEKT

**Gewächshausboden nass spritzen.** Damit die Temperatur an sonnigen Tagen nicht zu hoch steigt, wird der Boden im Gewächshaus nass gemacht und Fenster sowie die Türen zum Lüften geöffnet.

# Der Garten im April

## PFLANZEN-SCHUTZ

**Kräuselkrankheit an Pfirsich.** Achten Sie auf junge Blätter und Triebe mit Verkrüppelungen. Besonders betroffen sind Pfirsiche, Nektarinen, Mandelbäumchen und Aprikosen. Befallene Blätter trocknen ein und fallen ab. Entfernen Sie diese, damit sie nicht auf den Boden fallen und für eine Neuinfektion sorgen. Damit die Pflanze für den Neuaustrieb gestärkt wird, ist eine Düngung sinnvoll.

## OBSTGARTEN

### Unbedingt erledigen

**Obstbäume und Beerensträucher mulchen.** Neu gepflanzte Obstgehölze und Beerensträucher sollten eine Mulchschicht um die Wurzeln bekommen, damit die Erde nicht so schnell austrocknet und weniger Unkraut wachsen kann. Das Mulchmaterial soll jedoch nicht direkt am Stamm oder an der Basis der Triebe liegen, da dies zu Fäulnis an der Rinde führen kann. Verrotteter Rinderdung und Rindenhumus sind gute Mulchmaterialien.

### Empfehlenswerte Arbeiten

**Zitruspflanzen düngen.** Ab Mitte/Ende April können Sie bei Zitrusbäumchen im Kübel mit dem Düngen beginnen. Verwenden Sie nur speziellen Flüssigdünger für Zitruspflanzen.

**Schwarze Johannisbeeren düngen.** Alle Beerenobststräucher wie Johannisbeeren, Tay- und Jostabeeren sowie Brombeeren sind für eine Stickstoffgabe in Form von Ammoniumsulfat oder Hornspänen dankbar.

**Erdbeerbeete säubern.** Entfernen Sie Unkraut zwischen den Erdbeerpflanzen und bringen Sie eine Mulchschicht aus Stroh zwischen den Reihen aus. Das hält Schnecken fern und verhindert, dass die Früchte direkt auf der Erde liegen und schimmeln. Damit die Blüten bestäubt werden können, müssen Glas- und Kunststoffhauben tagsüber aufgedeckt werden.

**Letzte Chance zum Pflanzen von Himbeeren.** Schneiden Sie frisch gepflanzte Himbeerruten auf eine Länge von 15 cm über dem Boden zurück. Ein Rankgerüst aus Pflöcken und Drähten erleichtert das Anbinden der Ruten und das spätere Anbringen eines Schutznetzes gegen Vogelfraß.

# GEMÜSEGARTEN

## Unbedingt erledigen

**Aussaat im Freien:**

- Möhren, Rote Bete, Pastinaken, Rüben und Steckrüben für die Ernte im Spätherbst
- Lückenfüller wie Rote Bete, Mangold, Frühkarotten, Rübchen, Kohlrabi, Erbsen, Spinat, Frühlingszwiebeln, Radieschen, Salat, Asia-Salate und Rucola

**Unter Glas aussäen:**

- Stangen- und Feuerbohnen
- Zucchini, Squashkürbisse, andere Kürbisse
- Süßmais
- Freilandtomaten, wenn nicht schon Ende März gesät
- Lauch
- Rosenkohl, Sprossenbrokkoli, Grünkohl
- Brokkoli und Blumenkohl
- Frostempfindliche Kräuter wie Basilikum und Blattkoriander

**Ernten:**

- Schnittsalat
- Spinat
- Asia-Salate

**Sämlinge ausdünnen.** Damit die kleinen Pflänzchen genug Platz zum Wachsen haben, müssen zu dicht stehende ausgedünnt oder vereinzelt werden. Zupfen Sie alle schwächeren Pflanzen aus den Reihen, bis nur noch die kräftigsten im empfohlenen Pflanzabstand übrig sind.

**Unkraut.** Sobald sich der Boden erwärmt, keimen nicht nur in den Blumenbeeten, sondern auch im Gemüsegarten viele Unkräuter. Jäten und hacken Sie regelmäßig, dann hält sich der Pflegeaufwand in Grenzen.

### FÜNF-MINUTEN-PROJEKT

**Bei Frostgefahr** sollten Beerensträucher, Kräuter und Blumen mit einem Vlies abgedeckt werden.

# Der Garten im April

## Empfehlenswerte Arbeiten

**Zwiebeln pflanzen.** Wenn das Wetter im März noch zu kalt und/oder nass war, können Steckzwiebeln jetzt noch gepflanzt werden. Die wärmebehandelten Zwiebelchen (siehe Seite 54) können jetzt ins Beet. Aus Samen gezogene Zwiebeln und Schalotten ähneln eher dünnen Grashalmen und werden ebenfalls jetzt ausgepflanzt. Ist es noch sehr kalt, können Sie aber auch noch ein paar Wochen bis Anfang Mai warten. Werfen Sie übrig gebliebene Steckzwiebeln nicht weg, sondern pflanzen Sie sie in kleine Töpfe oder Schalen. Die frischen grünen Triebe werden mit der Schere geerntet und wie Lauchzwiebeln in der Küche zum Würzen verwendet. Dasselbe funktioniert übrigens auch mit Knoblauchzehen.

**Buschbohnen säen.** In milden Gegenden können Buschbohnen und Süßmais Ende April im Freien gesät werden. Decken Sie das Beet nach der Aussaat mit Vlies ab. In kühleren Regionen warten Sie besser bis Anfang/Mitte Mai, damit die Pflanzen nicht erfrieren.

**Lückenfüller säen.** Jetzt erscheinen die ersten Jungpflänzchen der Lückenfüller, die Sie letzten Monat gesät haben. Damit Sie kontinuierlich ernten können, wird im Abstand von etwa zwei Wochen laufend nachgesät. So haben Sie immer genügend (und nicht zu viel auf einmal) Schnittsalat, Baby-Möhren, Mangold, Spinat, Mini-Rote-Bete (Baby-Beets), Radieschen, Frühlingszwiebeln, Spinat und Asia-Salate. Statt sich penibel an den Kalender zu halten, ist es besser, dann erneut auszusäen, wenn die Keimblätter der vorigen Aussaaten gerade erscheinen.

**Schnittsalate.** Schnitt- und Kopfsalate gehören zu den ersten Gemüsen, die Sie im Jahr ernten können. Schneiden Sie die Blätter mit einer Schere etwa 2 cm über dem Boden ab, ohne das Herz der Pflanze zu beschädigen. Dann erscheint aus den „Stümpfen“ innerhalb von zwei bis drei Wochen ein zweiter Schub von Blättern, der erneut abgeerntet werden kann. Lassen Sie die Pflanzen nicht austrocknen. Wenn die neuen Blätter fahl und gelblich sind, schafft eine schwache Stickstoffdüngung Abhilfe. Säen Sie auch jetzt einen zweiten Satz aus, denn nach der zweiten Ernte sind die Kraftreserven des ersten ausgeschöpft. So verfahren Sie dann den ganzen Sommer lang.

**Kohl auspflanzen.** Brokkoli wächst schnell und kann Ende April ins Freie gepflanzt werden. Kohlarten, bei denen die Blütenstände geerntet werden, wie Blumenkohl und Brokkoli, reagieren auf Störungen an den Wurzeln sehr empfindlich und schossen leicht (blühen vorzeitig). Lassen Sie die Pflänzchen nicht zu lange im Jungpflanzentopf „verhocken.“ Der Pflanzabstand für Brokkoli beträgt idealerweise 30 cm, wenn Sie nach dem Abernten des Haupttriebs auch noch die dann folgenden Seitentriebe ernten möchten. Auch ein zweiter Satz kann jetzt noch gesät werden.

## PFLANZEN-SCHUTZ

**Möhrenfliege.** Möhren und Pastinaken werden leicht von Möhrenfliegen befallen, deren Larven in und an den Wurzeln fressen und diese so ungenießbar machen. Decken Sie die Pflanzen daher mit einem feinen Kulturschutznetz ab.

**Mäuse** lieben frisch gesäte Erbsen und Bohnen und arbeiten sich systematisch durch die Reihen, bis keine Samen mehr übrig sind. Stellen Sie Fallen auf, wenn Mäuse eine Plage werden.

**Erbsen- und Bohnenkäfer** knabbern an den jungen Blättern, sorgen aber selten für bleibende Schäden. Decken Sie die Jungpflanzen mit einem Vlies oder Netz ab, die größeren Pflanzen sind nicht mehr so anfällig.

# Der Garten im April

## NOCH IST ES NICHT ZU SPÄT …

**… zum Pflanzen von Schalotten, Knoblauch und Zwiebeln.** Stecken Sie die Zehen und Steckzwiebeln nur so tief in den Boden, dass die Spitze gerade noch herausschaut. Gegen Vogelfraß hilft in den ersten Wochen eine Abdeckung mit einem Kulturschutznetz.

**Kartoffeln pflanzen.** Zu Ostern werden traditionell späte Kartoffeln gepflanzt. Um auf der sicheren Seite zu sein und Frostschäden zu vermeiden, ist Ende April/Anfang Mai aber der bessere Zeitpunkt. Der Reihenabstand beträgt etwa 75 cm, der Pflanzabstand 35–40 cm. Gute Sorten mit hohem Ertrag und in der Regel geringer Anfälligkeit für Krankheiten sind 'Aula', 'Donella' und 'Marena'.

**Frühkartoffeln anhäufeln.** Wenn die ersten Triebe von Frühkartoffeln an der Erdoberfläche erscheinen und eine Länge von etwa 15 cm erreicht haben, beginnt man mit dem Anhäufeln. Dazu wird die Erde, die sich in der Mitte zwischen den Reihen befindet, vorsichtig an die Pflanzen geharkt, bis nur noch deren Spitzen aus der Erde schauen. Am besten geht das mit einer Zughacke oder einem schmalen Rechen. Ist der Boden zu hart, kann er vorher aufgehackt und gelockert werden. Verfahren Sie genauso in zeitlichen Abständen, bis sich ein etwa 30 cm hoher und breiter Wall gebildet hat. Durch dieses Verfahren bilden sich mehr Knollen und außerdem verhindern Sie, dass die Kartoffeln beim Wachsen aus dem Boden gedrückt werden und vergrünen (und damit ungenießbar werden). Kartoffeltriebe sind übrigens sehr kälteempfindlich und müssen bei Nachtfrostgefahr unbedingt mit Vlies abgedeckt werden.

**Wurzelgemüse für den Winter säen.** Wurzelgemüse wie Möhren, Pastinaken, Rüben, Rote Beten und Rettiche für die Ernte im Herbst und Winter werden nun direkt ins Beet ausgesät. Der Reihenabstand beträgt etwa 30 cm. Säen Sie Möhren, Rüben und Steckrüben dünn aus, bei Pastinaken werden alle 15 cm ein paar Samenkörner in den Boden gelegt – sie keimen sehr unregelmäßig. Bis die Keimlinge erscheinen, darf nicht gehackt werden.

**Empfindliche Gemüse vorziehen.** Kälteempfindliche Gemüse werden erst ausgesät, wenn sich der Boden ausreichend erwärmt hat und kein Nachtfrost mehr droht. Man kann ihnen aber einen Wachstumsvorsprung verschaffen, indem man sie in kleinen Töpfen oder Schalen auf der Fensterbank, im Frühbeet oder Gewächshaus vorzieht und dann Anfang/Mitte Mai ins Freie pflanzt.

- **Stangen- und Feuerbohnen:** Vor dem Säen über Nacht in kaltem Wasser quellen lassen. Die großen Samen werden einzeln in kleine Töpfe gesät. Säen Sie nicht zu viele Pflanzen aus, ein mit zwölf Pflanzen beranktes Bohnenstangenzelt bringt bis zu 12 kg Erntegut!
- **Zucchini und Squashkürbisse:** Die Samen werden einzeln in 7-cm-Töpfe gesät. Für eine Familie reichen zwei Zucchinipflanzen aus, denn man kann von jeder bis zu 30 Früchte ernten. Von Squashpflanzen können Sie bis zu zehn Früchte ernten. Da diese Gewächse aus der Kürbisfamilie lange Ranken bilden, brauchen sie recht viel Platz.
- **Buschbohnen:** Sie werden einzeln in kleine Töpfe oder Multitopfplatten gesät oder in Gruppen (vier bis sechs Samen) in 7-cm-Töpfe und dann zusammen in Horsten ausgepflanzt.
- **Süßmais:** Von jeder Pflanze können ein, mit etwas Glück zwei Kolben geerntet werden. Damit die Kolben sicher bestäubt werden, sollten mindestens zwölf Pflanzen auf einmal ausgepflanzt/gesät werden. Säen Sie die Samen einzeln in Töpfe.

# Der Garten im April

**Kälteempfindliche Kräuter säen.** Kräuter wie Basilikum und Koriander können Ende April schon im Frühbeet ausgesät werden, wenn das Wetter wärmer ist. Ist es noch kalt, warten Sie besser bis Anfang/Mitte Mai. Basilikum lässt sich schlecht verpflanzen, daher sollte er dort ausgesät werden, wo er später wachsen soll. Bei Kräutern, die Sie letzten Monat gesät haben, können schon die ersten zarten Triebe und Blätter geerntet werden, die Pflanzen wachsen schnell nach.

**Jungpflanzen abhärten.** Im Gewächshaus oder auf der Fensterbank vorgezogene Jungpflanzen werden nach und nach an die Bedingungen im Freien gewöhnt. Stellen Sie sie dazu anfangs stundenweise, später immer länger ins Freie. Nachts werden sie ins schützende Haus zurückgeräumt. So gewöhnen sich die Pflanzen langsam an die kühleren Temperaturen und vor allem an die direkte Sonne.

## FÜNF-MINUTEN-PROJEKT

**Blumenkohl und Brokkoli schützen.** Sie sollten nach der Pflanzung mit einem feinen Kulturschutznetz oder Vlies abgedeckt werden. So verhindern Sie, dass Schädlinge wie Erdflöhe die Pflanzen anfressen und Kohlweißlinge ihre Eier ablegen können.

# RASEN

## Unbedingt erledigen

**Lücken ausbessern.** Um eine geschlossene Grasnarbe zu erhalten, werden Lücken, die im Winter entstanden sind, mit Rasensamen nachgesät. Entfernen Sie dazu mit einem Rechen abgestorbene Halme und Moos und geben Sie auf die kahle Stelle etwas Sand und Kompost. Anschließend werden die Rasensamen dünn ausgestreut und angegossen. Im Gartenfachhandel gibt es dazu spezielle „Rasenreparatursets", die nur eine kleine Menge Saatgut enthalten. Der April ist auch ein guter Monat zur Neuanlage eines Rasens, egal ob Sie ihn säen möchten oder als Rollrasen auslegen (siehe Seite 172 f).

## Empfehlenswerte Arbeiten

**Moos entfernen.** Mit einem Rechen oder Vertikutierer können Sie Moos aus dem Rasen entfernen.

### NOCH IST ES NICHT ZU SPÄT …

**… um alte Blätter** aus dem Teich zu keschern, bevor sie auf den Grund sinken und verfaulen. Mit dem Laub werden dem Teich auch Nährstoffe entzogen und so starkes Algenwachstum verhindert.

# GARTENTEICH

## Unbedingt erledigen

**Fadenalgen entfernen.** Bei warmem Wetter breiten sich Algen schnell aus. Sie verbrauchen nachts viel Sauerstoff, wodurch der Teich „umkippen" kann. Es ist also sinnvoll, die Algen abzufischen. Lassen Sie diese einige Stunden am Teichrand liegen, bevor sie auf den Kompost kommen. So können sich Libellenlarven und anderes Getier zurück in den Teich retten. Übrigens sind Algen immer ein Anzeichen für zu viele Nährstoffe im Wasser, zum Beispiel durch zu viele Fische oder zu viel Fischfutter. Sumpf- und Wasserpflanzen helfen dabei, überschüssige Nährstoffe zu verbrauchen und so das Wasser zu klären.

## Empfehlenswerte Arbeiten

**Teichpflanzen teilen.** Große Sumpf- und Teichpflanzen wie die Sumpf-Iris, Seerosen und Rohrkolben können jetzt geteilt werden. Achten Sie beim Herausnehmen der Pflanzen darauf, dass die Teichfolie nicht beschädigt wird. Pflanzen Sie die Teilstücke in Körbe mit spezieller Wasserpflanzenerde und decken Sie die obere Schicht mit Sand ab.

# Der Garten im April

## PFLANZEN

- Usambaraveilchen
- Wachsblume
- Zwergpfeffer (Peperomie)
- Fetthenne
- Dickblatt

## MATERIAL

- Sauberes, scharfes Messer
- Schneidebrett
- Anzuchterde
- Schalen oder kleine Töpfe
- Etiketten
- Bleistift oder Textmarker
- Minigewächshaus oder durchsichtige Plastiktüten
- Pikierstab oder Bleistift
- Handschaufel

## BLATTSTECKLINGE

Einige Pflanzen lassen sich durch Blattstecklinge vermehren, und jetzt ist der ideale Zeitpunkt dafür. Es geht einfach, schnell und Sie erhalten mit dieser Technik viele neue Jungpflanzen, ohne die Mutterpflanze zu sehr in Mitleidenschaft zu ziehen.

**Was sind Blattstecklinge?** Pflanzen mit dicken, fleischigen Blättern oder ohne lange Triebe können nicht über „klassische" Stecklinge vermehrt werden. Man unterscheidet bei Blattstecklingen zwei Typen: Blattstecklinge und Blattteilstecklinge.

**Wann werden Blattstecklinge geschnitten?** Solange die Blätter frei von Schädlingen, Krankheiten und Beschädigungen sind, das ganze Jahr. Der beste Zeitpunkt ist jedoch das Frühjahr.

### Blattstecklinge schneiden

1 Mit einem scharfen, sauberen Messer wird ein gesundes Blatt mit einem etwa 1,5 cm langen Stiel von der Mutterpflanze abgeschnitten. Zu kleine Blätter und solche mit Beschädigungen oder Anzeichen für einen Befall mit Krankheiten und Schädlingen sind nicht geeignet.

2 Stecken Sie das Blatt mit dem Stiel in einem Winkel von 45° in feuchte Anzuchterde in einer Schale oder einem kleinen Töpfchen. Die kleinen Pflanzen werden an der Stielbasis erscheinen und dürfen nicht von den Blättern beschattet werden.

3 Mit einer durchsichtigen Plastiktüte abdecken. Nach etwa acht Wochen erscheinen die winzigen Jungpflanzen. Wenn sie vier bis sechs eigene Blätter haben, können sie (mitsamt dem großen Blatt) in einzelne Töpfe pikiert werden.

## Blattteilstecklinge herstellen

**1** Schneiden Sie mit einem scharfen Messer ein gesundes Blatt von der Mutterpflanze ab. Da das Blatt später in Stücke geschnitten wird, ist es nicht so wichtig, wie groß es ist, nur zu kleine Blätter und kranke oder beschädigte sollten vermieden werden.

**2** Schneiden Sie das Blatt mit einem sauberen, scharfen Messer in gleich große Stücke oder Streifen. Jedes Stück sollte ein Teil der Mittelrippe besitzen.

**3** Legen Sie das Blatt mit der Unterseite nach unten auf die feuchte Anzuchterde in einer Schale und fixieren es mit einer Drahtkrampe. Etiketten nicht vergessen.

**4** Bedecken Sie die Töpfe oder Schalen mit durchsichtiger Plastikfolie oder einer Kunststoffhaube. Nach acht bis zwölf Wochen haben sich Wurzeln und ein kleines Pflänzchen gebildet, das so groß ist, dass es in einen 9-cm-Topf pikiert werden kann.

### PFLANZEN

- Blattbegonie
- Drehfrucht
- Gloxinie
- Weihnachtskaktus
- Osterkaktus
- Sansevieria (ganzes Blatt)

### MATERIAL

- Sauberes, scharfes Messer
- Schneidebrett
- Anzuchterde
- Schalen oder kleine Töpfe
- Drahtkrampen
- Etiketten
- Bleistift oder Textmarker
- Minigewächshaus oder durchsichtige Plastiktüten
- Pikierstab oder Bleistift

# DER GARTEN IM MAI

Der Mai ist einer der schönsten Monate im Garten. Frost und Kälte gehören bald der Vergangenheit an, die Tage werden länger und der Boden erwärmt sich immer mehr. Der Mai ist wichtig zum Abhärten der Jungpflanzen und Aufbinden von Kletterpflanzen, im Gewächshaus muss zunehmend schattiert werden und Ende des Monats kann der erste Spargel geerntet werden – so Sie ihn anbauen.

# MAI
# Arbeiten im Überblick

## ZIERGARTEN

Unkraut jäten
Jungpflanzen abhärten
Dahlien und Tulpen auspflanzen
Frühlingsblüher düngen
Einjährige im Freien aussäen
Efeu und Säckelblume zurückschneiden
Welke Blüten ausputzen
Schnecken bekämpfen
Clematis aufbinden
pH-Wert des Bodens prüfen

## GEWÄCHSHAUS

Schattieren und Temperatur überwachen
Gießen
Stecklinge schneiden
Tomaten umtopfen

## OBSTGARTEN

Beerensträucher einnetzen
Erdbeeren mulchen

## GEMÜSEGARTEN

Aussaat von Bohnen und Erbsen
Schutz in kalten Nächten
Kletterhilfen für Bohnen und Erbsen
Zucchini und Squashkürbisse pflanzen
Wintergemüse aussäen
Lauch pflanzen

## RASEN

Rasen mähen
Beete mit Rasenschnitt mulchen

## GARTENTEICH

Seerosen pflanzen

# Der Garten im Mai

## PFLANZENSCHUTZ

**Blattläuse.** Kleine Kolonien an jungen Trieben und Knospen lassen sich mit den Fingern abstreifen oder mit dem Schlauch abspritzen.

**Lilienhähnchen.** Diese kleinen rotschwarzen Käfer können an Lilien großen Schaden anrichten. Kontrollieren Sie Ihre Lilien ständig und sammeln Sie alle Käfer und Larven ab (siehe auch S. 70).

**Dickmaulrüssler.** Wenn Kübelpflanzen plötzlich welk werden oder eingehen, können die Larven des Gefurchten Dickmaulrüsslers die Ursache sein. Wenn die Pflanzen nicht allzu sehr in Mitleidenschaft gezogen sind, können sie ausgetopft und alle Larven abgesammelt werden. Anschließend wird neu getopft und die Erde mit einem speziellen Nematoden-Präparat gegen Dickmaulrüsslerlarven (gibt es im Gartenfachhandel) behandelt.

## ZIERGARTEN

### Unbedingt erledigen

**Unkraut jäten.** Das Unkraut wächst bei steigenden Temperaturen genauso schnell wie die ausgesäten und neu gepflanzten Zierpflanzen. Wenn Sie ein bis zwei Mal pro Woche jäten, ist es relativ einfach in Schach zu halten. Wurzelunkräuter wie Löwenzahn, Ackerwinde und Quecke müssen ausgegraben werden, denn sie treiben schnell wieder aus, wenn man sie nur abhackt.

**Jungpflanzen abhärten.** Im Gewächshaus oder auf der Fensterbank angezogene Jungpflanzen müssen langsam an die kühleren Temperaturen und die direkte Sonneneinstrahlung im Freien gewöhnt werden, bevor sie endgültig ausgepflanzt werden können. Stellen Sie die Pflanzen anfangs erst ein paar Stunden am Vormittag ins Freie, dann immer länger, bis sie nach einer Woche einen ganzen Tag draußen bleiben können. Ab Mitte Mai können sie auch nachts im Freien bleiben, müssen jedoch in den ersten Nächten mit einem Vlies oder mit einem Frühbeetkasten abgedeckt werden. Nach einer weiteren Woche sind die Jungpflanzen auf das Leben im Beet vorbereitet und können endgültig ausgepflanzt werden. Auch im Beet müssen sie, wenn Nachtfrost angekündigt ist, abends mit Vlies abgedeckt werden. Halten Sie auch immer etwas Vlies bereit, um Kartoffeln und spätfrostgefährdete Gehölze wie Fächerahorne und Hortensien abdecken zu können.

**Dahlien pflanzen.** Ab Ende Mai können Dahlienknollen, die den Winter im Keller verbracht haben und/oder früher im Jahr vorgetrieben wurden, in die Beete gepflanzt werden. Da Dahlien schwere Blüten haben und leicht umkippen, brauchen sie eine Stütze. Diese wird gleich bei der Pflanzung mit angebracht. Schnecken lieben übrigens die jungen Triebe, daher ist es nicht verkehrt, gleich nach der Pflanzung eine kleine Portion Schneckenkorn als Prophylaxe auszustreuen.

# Der Garten im Mai

## Empfehlenswerte Arbeiten

**Tulpen ausputzen.** Wenn die Blüten von Tulpen (und anderen Zwiebelblumen) welk geworden sind und das Laub langsam vergilbt, sollten die langsam anschwellenden Samenkapselansätze entfernt werden. So verwendet die Pflanze keine unnötige Kraft für die Bildung von Samen, sondern kann alle Energie für das nächste Jahr in die Zwiebel investieren. Wenn der Boden durchlässig ist, können die Zwiebeln im Boden bleiben, bei sehr nasser Erde ist es besser, sie auszugraben, kühl und trocken einzulagern und im Herbst wieder einzupflanzen.

**Zwiebelblumen markieren.** Wenn sich die Blätter der Zwiebelblumen zurückziehen, werden die Stellen im Beet, an denen sie wachsen, mit kleinen Stäben oder Stöckchen markiert, damit man die unterirdischen Zwiebeln beim Hacken nicht aus Versehen verletzt.

**Frühlingsblüher düngen.** Zwiebelblumen müssen jetzt genug Energiereserven für die Blüte in der nächsten Saison in der Zwiebel einlagern. Eine zusätzliche Düngergabe nach der Blüte kommt ihnen also sehr entgegen. Schneiden Sie die Blätter erst ab, wenn sie gelb und komplett eingetrocknet sind.

**Zwiebeln pflanzen.** Sommerblühende Zwiebel-blumen und Knollenpflanzen wie Gladiolen, Dahlien und Schopflilien können jetzt noch gepflanzt werden.

**Kübelpflanzen düngen.** Entfernen Sie die oberste Erdschicht bei Kübelpflanzen und ersetzen Sie das alte Substrat durch neue Erde, der etwas Langzeitdünger beigemischt wurde.

**Formschnittgehölze schneiden.** In geometrische Formen geschnittene Gehölze bilden attraktive Elemente im Garten. Der erste Austrieb lässt sie oft etwas struppig erscheinen, daher können Sie den Büschen schon jetzt einen ersten Formschnitt verpassen. Es ist einfacher, die Pflanzen in Form zu halten, wenn sie regelmäßig gestutzt werden, und nicht nur ein oder zwei Mal im Jahr.

**Einjährige Sommerblumen im Freien säen.** Kälteunempfindliche Einjährige wie Ringelblumen, die in den letzten Monaten auf der Fensterbank vorgezogen wurden, können jetzt ausgepflanzt werden. Sollten Sie das vergessen haben, können Sie die Samen jetzt aber auch noch direkt aussäen. Entfernen Sie vor der Aussaat Unkrautkeimlinge von der Beetoberfläche, da diese eine unnötige Konkurrenz darstellen. Die Blumen können sich so leichter entwickeln.

**Efeu und Säckelblumen zurückschneiden.** Immergrüne, Buchs und Koniferen werden jetzt zurückgeschnitten. Efeu an Mauern, Zäunen, an Fassaden vor Fenstern, Türrahmen, Regenrinnen und unter Dachtraufen wird so weit zurückgeschnitten, dass der Zuwachs der kommenden Saison (circa 30–60 cm) ausreichend Platz hat. Frühjahrsblühende Sträucher wie Forsythien und die Blaue Säckelblume, die fertig geblüht haben, werden nach der Blüte zurückgeschnitten.

## PFLANZENSCHUTZ

**Knospensterben an Rhododendron.** Wenn Sie an Ihren Rhododendren schwarze oder eingetrocknete Knospen entdecken, die nicht blühen wollen, sind diese von einem Pilz befallen. Er wird von Rhododendronzikaden übertragen. Kneifen Sie befallene Knospen aus und werfen Sie sie in den Müll. Die Rhododendronzikade lässt sich recht gut durch das Aufhängen von Gelbtafeln bekämpfen.

# Der Garten im Mai

**Welke Blüten ausputzen.** Wenn Sie welke Blüten von Stiefmütterchen und Hornveilchen entfernen, bilden die Pflanzen immer neue Blüten und die Blütezeit dauert viel länger. Auch bei Azaleen, Rhododendren, Kamelien, Tulpen und Iris ist es empfehlenswert, Verblühtes zu entfernen, damit die Pflanzen ihre Kraft nicht für die unnötige Bildung von Samen verwenden.

**Schnecken.** Rittersporn, Funkien, Erdbeeren und Salat sind besonders anfällig für Schneckenfraß. Sammeln Sie abends die Schnecken ein und vernichten Sie sie.

**Stecklinge schneiden.** Von vielen Stauden wie Margeriten, Astern, Rittersporn und Bartfaden lassen sich jetzt Stecklinge nehmen. Junge, etwa 5–10 cm lange Triebe von der Basis der Pflanze eignen sich besonders gut.

**Duftwicken aufbinden.** Duftwicken sollten nach dem Auspflanzen an die Kletterhilfe geleitet werden. Am Anfang können Sie sie auch mit etwas Schnur befestigen, bis sich die Ranken gebildet haben, mit denen sich die Pflanze selbst verankert, wodurch sie dann keine weitere Hilfe benötigt.

**Clematis herunterbinden.** Wenn Sie Ihre Clematis frei wachsen lassen, werden sie senkrecht in die Höhe schießen. An diesen Trieben bilden sich dann nur an den Spitzen Blüten. Wenn Sie die langen Ranken aber waagrecht in die Horizontale leiten und an der Kletterhilfe anbinden, bilden sich in den Blattachseln viele Blütenansätze. So erhalten Sie eine buschige auf der ganzen Höhe beziehungsweise Fläche blühende Pflanze.

**Bartfaden zurückschneiden.** Im Gegensatz zu anderen Stauden sollte der spätfrostgefährdete Bartfaden *(Penstemon)* erst Mitte/Ende Mai zurückgeschnitten werden, dann besteht keine Gefahr mehr, dass die Neutriebe von Frost beschädigt werden.

**pH-Wert testen.** Zur Überprüfung des Säuregehalts des Bodens, zum Beispiel wenn Sie Rhododendren und Azaleen pflanzen möchten, eignet sich ein Test-Kit, das es im Gartencenter gibt. Wenn Ihr Gartenboden zu kalkhaltig ist (das heißt hoher pH-Wert), sollten Sie Pflanzen, die einen niedrigen pH-Wert bevorzugen, besser in Kübel pflanzen.

## FÜNF-MINUTEN-PROJEKTE

**Lange Triebe von Sträuchern und Kletterpflanzen herunterbinden.** An horizontalen Zweigen werden mehr Blüten angesetzt, daher sollten Sie die langen Triebe in die Waagrechte ziehen.

**Pinzieren.** Kneifen Sie die Triebspitzen von Dahlien und Chrysanthemen ab, dann verzweigen sie sich und wachsen buschiger.

**Manche Pflanzen wird man nur schwer wieder los.** Zu diesen gehören Vergissmeinnicht, die sich schnell durch Selbstaussaat vermehren. Entfernen Sie die Pflanzen daher unmittelbar nach der Blüte aus den Sommerblumenbeeten.

# Der Garten im Mai

## GEWÄCHSHAUS

### Unbedingt erledigen

**Schattieren.** Damit die Temperatur im Gewächshaus nicht zu hoch steigt und die Pflanzen leiden, muss regelmäßig gelüftet werden. Öffnen Sie die Dach- und Seitenfenster sowie die Tür. Zur Schattierung eignen sich von außen angebrachte Schattiernetze oder weiße Schattierfarbe. Eine weitere Maßnahme zur Temperaturverminderung ist das Nassspritzen des Bodens und der Wege. Durch die Verdunstungskälte sinkt die Temperatur.

**Gießkontrolle.** Kontrollieren Sie Ihre Pflanzen jeden Morgen, ob sie gegossen werden müssen. Am schnellsten geht das, wenn man den Finger in das Pflanzsubstrat steckt, um zu fühlen, ob die Erde feucht und kühl oder trocken und warm ist.

**Eine Blumenampel bepflanzen.** Damit Blumenampeln im Sommer in voller Pracht blühen, werden sie Anfang Mai bepflanzt. Wenn sie in den ersten Wochen im Gewächshaus hängen, bekommen sie von allen Seiten genug Licht und entwickeln sich optimal. Ende Mai können sie dann im Freien aufgehängt werden.

- Konische Blumenampeln sind besonders gut geeignet, da sie ein größeres Erdvolumen haben. Stellen Sie sie zum Bepflanzen in einen großen Blumentopf.
- Stechen Sie in die innere Kunststofflage Löcher, damit überschüssiges Gießwasser besser abfließen kann. Geben Sie dann Blumenerde, der Sie Wasserspeichergel und etwas Langzeitdünger beigemischt haben, in das Gefäß.
- Setzen Sie nun die Pflanzen ein und gießen Sie alles gut an. Anschließend wird die Ampel im Gewächshaus aufgehängt, bis die Frostgefahr im Freien vorüber ist.

## Empfehlenswerte Arbeiten

**Temperatur kontrollieren.** Mit einem Minimum-Maximum-Thermometer können Sie leicht überprüfen, wie hoch die Temperaturen im Gewächshaus tagsüber steigen – und wie tief sie in der Nacht sinken. Die Extreme werden Sie überraschen! Dies gibt Ihnen ein gutes Gefühl, wann die Fenster und Türen zur Belüftung geöffnet – und wieder geschlossen – werden müssen.

**Stecklinge schneiden.** Viele Pflanzen wie zum Beispiel Duftpelargonien haben jetzt schon eine Menge neuer Triebe gebildet, die sich hervorragend zur Stecklingsvermehrung eignen. Wählen Sie dazu Triebe ohne Blütenknospenansätze aus und schneiden Sie immer knapp unterhalb eines Blattpaars. Die unteren Blätter werden entfernt und der Steckling in feuchte Anzuchterde gesteckt. Der Topf mit einem oder mehreren Stecklingen wird dann in ein Fensterbankgewächshaus gestellt oder mit einer durchsichtigen Plastiktüte überzogen. Regelmäßig kontrollieren, damit sich kein Schimmel bildet. Wenn die Stecklinge Wurzeln gebildet haben und weiterwachsen, können sie umgetopft werden.

**Gewächshaustomaten umtopfen.** Pflanzen Sie die Tomatenjungpflanzen in größere Kübel oder direkt in den Gewächshausboden. Ausgekniffene (ausgegeizte) Seitentriebe aus den Blattachseln von Pflanzen können wie Stecklinge bewurzelt werden – so bekommen Sie ganz umsonst etliche weitere Tomatenjungpflanzen. Leiten Sie den Haupttrieb an der Stütze auf und binden Sie ihn fest. Sollten Sie noch weitere Pflanzen benötigen, gibt es im Gartencenter oder auf dem Wochenmarkt jetzt noch Jungpflanzen zur Ergänzung.

### NOCH IST ES NICHT ZU SPÄT …

**… um Kräuter auszusäen.**
Küchenkräuter, von denen Sie regelmäßig größere Mengen benötigen, wie Petersilie und Basilikum, werden alle paar Wochen frisch ausgesät, damit Sie immer genug ernten können.

# Der Garten im Mai

## PFLANZENSCHUTZ

**Apfelwickler.** Es gibt nur wenige Dinge, die beim Essen unangenehmer sind als der Biss in einen „Wurm im Apfel". Dabei handelt es sich um die Larven des Apfelwicklers, eines kleinen Schmetterlings. Damit die Äpfel nicht befallen werden, können Sie sogenannte Pheromonfallen in den Apfelbäumen für die Falter aufhängen. Die Falter werden von den Duftstoffen in der Falle angelockt und bleiben an der klebrigen Innenseite hängen. Sie werden überrascht sein, wie viele Falter in die Fallen gehen.

**Stachelbeer-Blattwespe.** Die dicken Larven dieser Blattwespe finden sich an Stachelbeeren und an Roten und Weißen Johannisbeeren. Sammeln Sie sie von Hand ab, das ist die effektivste Bekämpfungsmethode.

## OBSTGARTEN

### Unbedingt erledigen

**Beerenobst mit Netzen schützen.** Decken Sie Erdbeerpflanzen und Beerensträucher mit Netzen ab, damit die Früchte nicht von Vögeln gefressen werden können. Das Netz muss sicher und fest angebracht sein, damit sich weder Vögel noch andere Tiere darin verheddern können – und sich möglicherweise strangulieren.

**Erdbeeren mit Stroh mulchen.** Wenn nicht bereits geschehen, ist es jetzt höchste Zeit, Erdbeerpflanzen mit Stroh (gibt es günstig im Zoogeschäft) zu mulchen, damit die Früchte nicht direkt auf der Erde liegen – sie faulen sonst oder werden bei Regen mit Schlamm bespritzt. Außerdem unterdrückt die Mulchschicht keimende Unkräuter.

### Empfehlenswerte Arbeiten

**„Wilde" Himbeerruten entfernen.** Himbeeren können durch ihre unterirdischen Ausläufer schnell den ganzen Garten erobern, wenn man sie ungestört wachsen lässt. Entfernen Sie unerwünschte Triebe von Stellen, an denen Sie sie nicht haben möchten. Da der Abstand der Himbeerpflanzen in der Reihe etwa 45 cm betragen sollte, werden auch zwischen den Pflanzen erscheinende Schösslinge entfernt.

**Auf Pestizide verzichten.** Chemische Pflanzenschutzmittel haben im Hausgarten nichts verloren, denn sie töten nicht nur Schädlinge, sondern auch viele nützliche Insekten wie Bienen und Hummeln.

# GEMÜSEGARTEN

## Unbedingt erledigen

**Aussaat im Freien:**

- Stangenbohnen, Feuerbohnen, Süßmais (wenn nicht im April vorgezogen)
- Erbsen und Buschbohnen als Folgesaat
- Möhren, Rüben und Steckrüben (wenn nicht im April vorgezogen)
- Lückenfüller: Rote Bete, Baby-Möhren, Salat, Radieschen, Rucola, Frühlingszwiebeln, Spinat, Mangold, Pak Choi und andere Asia-Salate

**Pflanzen im Freien (ab Mitte Mai):**

- Rosenkohl
- Zucchini und Gurken
- Stangen- und Feuerbohnen
- Lauch
- Squashkürbis
- Süßmais
- Tomaten

**Pflanzen im Freien in Töpfe (ab Mitte Mai):**

- Winterkohl, Winterblumenkohl und Grünkohl

**Ernten:**

- Spargel
- Radieschen
- Schnittsalat
- Asia-Salate
- Frühkartoffeln, die im Kübel vorgezogen wurden

**Nachtfrostgefahr.** Wenn Bodenfrost oder Temperaturen unter 5 °C in der Nacht vorhergesagt werden, müssen Sie die Jungpflanzen im Freien mit Vlies abdecken.

# Der Garten im Mai

**Gewächshausgemüse auspflanzen.** Tomaten, Gurken, Paprika und Auberginen sind nun groß genug, um in ihre endgültigen Gefäße oder im Grundbeet des Gewächshauses ausgepflanzt zu werden. Vor der Pflanzung kann auf die Erde in den Grundbeeten eine dicke Schicht Pflanzerde oder Kompost ausgebracht werden. Gießen Sie das Substrat vor dem Bepflanzen gut an und lassen Sie es etwas sacken, bevor die Pflanzen ins Beet gesetzt werden. Wechseln Sie Gurken und Tomaten in den Beeten jedes Jahr ab, damit sich keine bodenbürtigen Krankheiten ansiedeln können. Die erste Knospe bei Paprika und Auberginen, die sogenannte Königsknospe, wird ausgekniffen, damit sich die Pflanze verzweigt und mehr Blütenansätze bildet.

## Empfehlenswerte Arbeiten

**Kletterhilfen aufstellen.** Stangen- und Feuerbohnen brauchen eine Kletterhilfe, ebenso wie Erbsen. Sie müssen jetzt aufgestellt werden, und zwar so, dass benachbarte Kulturen nicht zu sehr beschattet werden.

**Kräuter pflanzen.** Im Gartencenter gibt es jetzt ein großes Sortiment unterschiedlichster Kräuter, die ausgepflanzt werden können. Pflanzen Sie immer Arten mit ähnlichen Ansprüchen zusammen, zum Beispiel Rosmarin, Oregano, Thymian und Lavendel, die volle Sonne und einen durchlässigen Boden brauchen und auch Trockenheit vertragen. An feuchtere Stellen im Beet kommen Küchenkräuter wie Petersilie, Schnittlauch, Liebstöckel, Kerbel und Basilikum.

**Spargel ernten.** In den ersten beiden Jahren nach der Pflanzung sollte Spargel noch nicht geerntet werden, damit sich die Pflanzen richtig etablieren können. Ab dem dritten Jahr können Sie die Stangen etwa 2,5 cm unterhalb der Erdoberfläche abschneiden. Geerntet wird ab Mitte April für etwa sechs Wochen, danach muss sich die Pflanze erholen. Die Stangen sind übrigens am aromatischsten, wenn sie eine Länge von etwa 18 cm erreicht haben.

**Stangen- und Feuerbohnen auspflanzen.** Nach dem Abhärten können die jungen Bohnenpflanzen ins Freie gesetzt werden, wenn keine Frostgefahr mehr droht. Je nach Gegend ist es besser, damit bis Ende Mai zu warten oder sogar erst Anfang Juni zu pflanzen. Der Pflanzabstand beträgt 15 cm, wenn die Rankhilfen weiter stehen, können auch zwei Pflanzen an eine Stange gesetzt werden. Wenn Sie direkt säen, sollten pro Saatloch zwei oder besser sogar drei Samen gesät werden, damit schwache Sämlinge ausgezupft werden können oder der Verlust einer Pflanze durch Schnecken oder Mäuse mit Reservepflanzen ausgeglichen werden kann. Wenn Sie Buschbohnen auspflanzen, die Sie in Töpfen vorgezogen haben, sollte gleich ein zweiter Satz für die spätere Ernte mit ausgesät werden. So verlängert sich die Erntezeit um mehrere Wochen.

**Mais pflanzen.** Süßmais sollte immer in Blocks mit zwölf Pflanzen gesetzt werden, damit die Kolben sicher bestäubt werden. Mais wird wie alle Gräser durch den Wind bestäubt und wenn zu wenig Pflanzen vorhanden sind, bleiben die Kolben (die weiblichen Blüten) taub. Wenn es windstill ist, können Sie bei der Bestäubung nachhelfen, indem Sie die Pflanzen schütteln, damit die Pollen aus den männlichen Blüten an der Pflanzenspitze verbreitet werden.

## FÜNF-MINUTEN-PROJEKT

**Bohnen aufleiten.** Kletternde Bohnen müssen an die Rankhilfe geleitet werden. Wickeln Sie die Triebe mit der natürlichen Wachstumsrichtung um die Stäbe.

# Der Garten im Mai

## PFLANZEN-SCHUTZ

**Schnecken.** Es ist gar nicht so einfach, alle Pflanzen vor Schnecken zu schützen. Am wirkungsvollsten ist eine Kombination aus Schneckenzäunen, Schneckenkorn und einigen Salaten als „Opferpflanzen" außerhalb der Beete.

**Zucchini und Squashkürbis pflanzen.** Zucchini, Squash und andere Kürbisse sind nicht nur frostempfindlich, die großen Blätter werden auch leicht von Wind zerschlissen. Härten Sie die Jungpflanzen ab und warten Sie mit dem Auspflanzen bis Mitte/Ende Mai. In kühleren Regionen ist es empfehlenswert, die Pflanzen anfangs mit Vlies abzudecken, das sie vor Wind und Kälte schützt.

Damit die Pflanzen einen guten Start bekommen, wird jedes Pflanzloch etwa 30 cm tief ausgehoben und die Aushuberde mit Kompost vermischt. Mit dieser Mischung füllt man das Pflanzloch so hoch auf, dass ein kleiner Hügel entsteht, auf den man die Jungpflanze setzt. Besonders auf schweren oder nassen Böden verhindert diese Erhöhung, dass die Basis der Pflanze fault, da sie schneller abtrocknen kann.

Hokkaidokürbis, Birnenkürbis ('Butternut') und andere Kürbisarten bilden lange Triebe, die man leicht bändigen kann, indem man sie ringförmig um die Pflanzstelle führt. Alternativ kann man sie auch zwischen Süßmais pflanzen, wo sie den Platz unter den Maispflanzen optimal nutzen und den Boden bedecken.

## FÜNF-MINUTEN-PROJEKT

Damit durstige Zucchini schneller gegossen werden können, wird an der Pflanzenbasis eine Plastikwasserflasche mit abgeschnittenem Boden kopfüber eingegraben. In den Deckel wird ein kleines Loch gebohrt, durch welches das Wasser langsam in den Wurzelbereich sickern kann. So müssen Sie nur das Wasser in der Flasche regelmäßig nachfüllen.

**Freilandtomaten und Gurken auspflanzen.** Wenn Sie kein Gewächshaus besitzen, werden Tomaten und Gurken ab Mitte/Ende Mai ins Freie gepflanzt, nachdem sie abgehärtet wurden. In kühleren Regionen ist es besser, bis Anfang Juni zu warten. Auch diese Pflanzen können mit dem Wasserflaschentrick (siehe Seite 100 unten) bewässert werden.

**Wintergemüse säen und pflanzen.** Noch scheint es verfrüht, an Wintergemüse zu denken, aber wenn Sie Rosenkohl ernten möchten, muss dieser jetzt schon gepflanzt werden. Er wächst langsam, braucht viele Nährstoffe und viel Platz. Der Pflanzabstand beträgt 90 cm.

**Winterkohl und Winterblumenkohl.** Beide werden in Töpfen vorgezogen und an einem geschützten Platz ausgepflanzt. Decken Sie die Pflanzen mit einem Kulturschutznetz ab, damit sie nicht von Kohlfliegen und Kohlweißlingen befallen werden.

## NOCH IST ES NICHT ZU SPÄT …

**… um Sämlinge auszudünnen.** Überprüfen Sie auf der Samentüte, wie weit der Pflanzenabstand sein soll, und dünnen Sie überzählige Sämlinge aus. Die übrigen können sich dann optimal entwickeln und bringen einen großen Ertrag.

**… für die Aussaat von Lückenfüllern.** (siehe Seite 57). An jeden freien Platz im Beet können schnellwachsende Gemüse gesät werden.

# Der Garten im Mai

## PFLANZEN-SCHUTZ

**Schwarze Bohnenblattlaus.** Große Kolonien an den Triebspitzen von Dicken Bohnen können einfach mit den Fingern abgestreift und zerquetscht werden.

**Kohlschädlinge.** Brokkoli, Blumenkohl und Kopfkohl sollten mit feinen Kulturschutznetzen abgedeckt werden, die verhindern, dass Blattläuse, Kohlfliegen, Kohlweißlinge und Tauben die Pflanzen befallen können. Überprüfen Sie die Netze regelmäßig, damit sie dicht schließen und nicht auf den Pflanzen aufliegen – denn dann können die Blätter von den Schädlingen erreicht werden.

**Lauch pflanzen.** Jungpflanzen, die in Multitopfplatten oder Aussaatschalen vorgezogen werden, können relativ dicht gepflanzt werden. Bis zum Sommer werden dann regelmäßig „Baby-Lauchstangen" geerntet, größere Pflanzen werden dann später für die Ernte im Winter noch mal an Stellen verpflanzt, wo Knoblauch und Zwiebeln abgeerntet wurden.

**Zwischenkultur.** In den Zwischenräumen großer Gemüse wie Rosenkohl kann eine Vielzahl schnell wachsender Zwischenkulturen gesät oder gepflanzt werden. Wählen Sie eine passende Art, die zum Fruchtwechsel passt – Radieschen, Rübchen, Rucola, Asia-Salate und sogar Brokkoli sind geeignet.

# RASEN

## Unbedingt erledigen

**Rasen mähen.** Je wärmer es wird, desto schneller wächst das Gras, und nun sollte der Rasen regelmäßig, am besten einmal pro Woche, gemäht werden. So bleibt er gleichmäßig hoch und es entstehen keine Kahlstellen, wenn die Halme zu lang werden und umkippen.

## Empfehlenswerte Arbeiten

**Kahlstellen behandeln.** Damit sich Ihr Rasen im Sommer in Topform präsentiert, sollten helle Stellen jetzt behandelt werden. Sie werden aufgeharkt und nachgesät, Moos kann entfernt und der Rasen gedüngt werden.

**Rasenschnitt als Mulch.** Unter Hecken und Sträuchern sorgt eine Mulchschicht aus Rasenschnitt dafür, dass keine Unkräuter keimen können und der Boden länger feucht bleibt.

# GARTENTEICH

## Unbedingt erledigen

**Seerosen pflanzen.** Wenn das Wasser wärmer wird, können Seerosen gepflanzt werden. Damit sie sich schnell etablieren und üppig blühen, sind folgende Ratschläge sinnvoll:

- Wählen Sie eine Sorte, deren Wuchsstärke zur Größe Ihres Teiches passt.
- Wenn der Teich sehr breit ist und Sie die Seerose nicht vom Ufer aus pflanzen können, wird der Pflanzkorb an einer Stange in der Teichmitte versenkt. Das geht nur zu zweit, wie man auf dem Foto rechts gut erkennen kann.
- Die Pflanzung in einem Korb ist sinnvoll, da sich die Seerose auf diese Weise nicht ganz so leicht im gesamten Teich ausbreiten kann.

# Der Garten im Mai

## BALKONKÄSTEN BEPFLANZEN

Balkonkästen können jedes Jahr neu bepflanzt werden, was Ihnen und Ihrer Fantasie einen ungeheuer großen Spielraum an Gestaltungsmöglichkeiten lässt. So können Sie mit Farben und Formen spielen und Ihren Balkon oder die Terrasse immer wieder in einem neuen Stil bepflanzen. In größeren Pflanzgefäßen ist es empfehlenswert, einige Sträucher, Stauden oder Gräser als dauerhafte Strukturgeber zu pflanzen, die dann jahreszeitlich passend mit einer Saisonbepflanzung ergänzt werden. So müssen Sie den Container oder Kasten nicht jedes Jahr komplett neu bepflanzen.

### MATERIAL

- Blumenkasten (60 cm)
- Balkonblumenerde
- 1 × Hängepetunie ('Surfinia')
- 1 × Wiesenstorchschnabel
- 1 × Strohblume
- 1 × Harfenstrauch
- 1 × Gundermann
- 2 × Kapmargerite

1 Füllen Sie hochwertige Kübelpflanzen- oder Balkonblumenerde in den Kasten.

2 Stellen Sie die gekauften Pflanzen bereit, und zwar so, wie sie im Kasten gepflanzt werden sollen. Jetzt können Sie sie noch einfach hin- und herschieben, bis die Anordnung am schönsten aussieht.

**3** Topfen Sie die Pflanzen aus, und stellen Sie sie anschließend leicht versetzt und mit etwas Abstand (sie sollen sich ja noch entwickeln können) nebeneinander in den Kasten.

**4** Die Zwischenräume zwischen den Wurzelballen werden nun mit Erde aufgefüllt und angedrückt. Achten Sie darauf, dass keine Hohlräume entstehen.

**5** Zum Schluss wird durchdringend angegossen, damit sich die Erde der Wurzelballen mit der frischen Erde gut verbindet und die Pflanzen leichter anwachsen. Balkonblumen sind im Gegensatz zu Gartenpflanzen völlig von unserer Pflege abhängig. Sie müssen regelmäßig gegossen und gedüngt werden, damit sie optimal gedeihen. Wenn Sie viele Kästen und Töpfe zu gießen haben, sollten Sie sich überlegen, eine Gartenschlauchkupplung in der Küche oder im Bad an einen der Wasserhähne anzuschließen, um das Wässern zu erleichtern. Entfernen Sie regelmäßig welke Blüten und trockene Triebe, dann blühen die Pflanzen länger und Krankheiten haben keine Chance.

# DER GARTEN IM JUNI

Der Juni ist der ideale Monat, um Blumenbeeten mit einer bunten Saisonbepflanzung zu noch mehr Leben zu verhelfen. Weitere wichtige Tätigkeiten im Juni sind das Ausputzen welker Rosenblüten, Blumenampeln und Kästen werden ins Freie gestellt und Tomaten aufgebunden. Außerdem werden Obstbäume ausgedünnt, und neue Erdbeerpflanzen gibt es umsonst.

# JUNI
# Arbeiten im Überblick

## ZIERGARTEN

Blumenbeete bepflanzen
Orientalischen Mohn zurückschneiden
Rosen ausputzen
Frisch gepflanzte Blumen und Pflanzen gießen und düngen
Lücken füllen
Beete mulchen
Wicken pflücken
Hohe Pflanzen aufbinden und stützen
Buchsbaum schneiden

## GEWÄCHSHAUS

Tomaten aufbinden
Säen
Kühlen und schattieren
Weiße Fliege bekämpfen

## OBSTGARTEN

Fruchtansätze ausdünnen
Erdbeerausläufer fördern

## GEMÜSEGARTEN

Säen
Düngen
Unkraut jäten und hacken
Ernte von Salat, Erbsen und Frühgemüse
Kartoffeln anhäufeln

## RASEN

Regelmäßig mähen
Unkraut bekämpfen

## GARTENTEICH

Algen entfernen

# Der Garten im Juni

## NOCH IST ES NICHT ZU SPÄT …

**… um frühlingsblühende Sträucher zurückzuschneiden.** Blütensträucher wie Forsythien, Weigelien, Blut-Johannisbeeren, Pfeifenstrauch, Ginster und Deutzien sollten zurückgeschnitten werden, sobald die Blüten abfallen – siehe Seite 67.

**… um welkes Laub von Zwiebelblumen abzuschneiden.** Warten Sie mit dem Rückschnitt der Blätter, bis diese komplett braun und trocken sind. Ansonsten kann es sein, dass die Pflanze zu wenig Energie für das nächste Jahr in der Zwiebel einlagern kann und nicht mehr blüht.

**… um die Pergola mit Blumenampeln zu verschönern.** Hängen Sie Blumenampeln und Hängetöpfe jetzt auf (siehe auch Seiten 94 und 104).

## ZIERGARTEN

### Unbedingt erledigen

**Beetpflanzen einsetzen.** Nachdem ab Anfang Juni keine Frostgefahr mehr droht, können kälteempfindliche Sommerblumen jetzt ausgepflanzt werden. Wenn Sie die Pflanzen nicht selbst angezogen haben, finden Sie in Gärtnereien und Gartencentern eine große Auswahl an ein- und mehrjährigen Beetpflanzen und Stauden. Versuchen Sie, die Pflanzen im Gartencenter kurz nach der Anlieferung zu kaufen, dann sind sie frisch und nicht „überständig". Pflanzen Sie sie gleich nach dem Heimtransport ins Beet, denn die Töpfe, in denen sie angezogen und verkauft werden, sind für eine Dauerkultur zu klein. Auf den Etiketten finden Sie die wichtigsten Angaben zum Standort und zum Pflanzabstand. Achten Sie darauf, die Pflanzen in den ersten Wochen regelmäßig zu gießen, damit sie nicht austrocknen und schnell anwachsen. Und legen Sie prophylaktisch Schneckenkorn aus.

**Orientalischen Mohn zurückschneiden.** Nach der Blüte kann Orientalischer Mohn zurückgeschnitten werden. So wird ein Neuaustrieb angeregt, und manchmal erscheinen sogar noch einzelne Nachblüten. Schneiden Sie die Pflanze bis zum Boden zurück, damit sie nicht in sich zusammenfällt. Schon nach kurzer Zeit erscheinen neue Blätter.

**Blumenampeln ins Freie bringen.** Kontrollieren Sie Haken und Ösen vor dem Aufhängen daraufhin, ob sie fest in der Wand oder den Balken der Pergola, an der die Ampel aufgehängt wird, verankert sind. Wenn Sie im Frühling keine Zeit hatten, eine Blumenampel zu bepflanzen, ist es noch nicht zu spät. In vielen Gartencentern können Sie fertig bepflanzte und vorkultivierte Ampeln kaufen. Lassen Sie sich nicht von üppigen Blüten verführen, sondern halten Sie nach Pflanzen mit vielen noch ungeöffneten Knospen Ausschau. So werden Sie sich in den nächsten Wochen an üppigen Blüten freuen können.

**Rosen ausputzen.** Der Juni ist die Hauptblütezeit vieler Rosensorten, die jetzt besonders üppig ihre Blüten öffnen. Viele historische Sorten blühen nur einmal im Jahr, während moderne Rosen den ganzen Sommer bis zum ersten Frost immer wieder neue Blüten ansetzen. Um dies noch zu fördern, ist es empfehlenswert, Verblühtes regelmäßig wegzuschneiden, damit keine Hagebutten angesetzt werden. Schneiden Sie dabei nicht nur die Blüten ab, sondern den ganzen Blütenstand bis zum ersten richtigen Blatt.

## Empfehlenswerte Arbeiten

**Gießen und düngen.** Frisch gepflanzte Beete müssen regelmäßig gegossen werden, bis die Pflanzen gut angewachsen sind. Auch Pflanzen in Töpfen, Kübeln und Containern sind auf regelmäßige Wassergaben angewiesen. Da in Pflanzgefäßen der Nährstoffvorrat im Substrat begrenzt ist, muss etwa sechs Wochen nach der Pflanzung nachgedüngt werden. Düngen Sie dauerblühende Balkonblumen einmal wöchentlich mit einem speziellen Balkonblumendünger.

**Lücken füllen.** Immer wieder zeigen sich in den Beeten Lücken, weil Pflanzen abgestorben oder nach der Blüte eingezogen sind, wie viele Frühlingsblüher. Mit sommerblühenden Beetpflanzen können Sie diese Lücken schnell und einfach füllen.
Alternativ lassen sich auch einjährige Sommerblumen wie Ringelblumen und Kosmeen aussäen, die schon nach wenigen Wochen zur Blüte kommen. Stauden und Sträucher können jetzt auch noch gepflanzt werden, wenn sie in Containern angezogen wurden.

### PFLANZENSCHUTZ

**Blattläuse** schwächen die Pflanzen nicht nur, sondern sie können auch Viruserkrankungen übertragen. Da sie aber eine wichtige Nahrung für brütende Vögel sind, dürfen sie nicht mit Insektiziden bekämpft werden. Meist reicht zur Bekämpfung ein scharfer Wasserstrahl oder das Abstreifen mit den Fingern. Natürliche Feinde wie Schweb- und Florfliegenlarven, Marienkäfer und -larven sowie Vögel stellen sich schnell von selbst ein, wenn Sie ihnen im Garten ein paar nicht zu „ordentliche" Ecken lassen.

**Dickmaulrüssler.** Die ausgewachsenen Käfer begeben sich nun auf die Suche nach Eiablagestellen. Beugen Sie mithilfe spezieller Nematoden einem Larvenbefall vor. Diese mikroskopischen Fadenwürmer bohren sich in die Larven und fressen sie. Das Nematoden-Präparat wird mit dem Gießwasser ausgebracht.

# Der Garten im Juni

**Beete mulchen.** Rindenhumus und Gartenkompost eignen sich als Mulchmaterial. Durch das Mulchen bleibt der Boden länger feucht – Sie müssen also weniger gießen – und Unkraut wird unterdrückt. Achten Sie darauf, den Mulch nicht einzuarbeiten.

**Kräuter in Töpfe pflanzen.** Bepflanzen Sie Töpfe und Kästen mit Ihren Lieblingskräutern wie Basilikum, Schnittlauch, Salbei, Estragon oder Petersilie. Die Töpfe und Kästen können Sie in der Nähe der Küche oder des Grillplatzes aufstellen, so haben Sie immer frisches Grün zur Hand. Regelmäßig gegossen und gedüngt reichen ein oder zwei große Töpfe den ganzen Sommer lang.

**Ampel- und Balkonblumen ausputzen.** Damit Balkonblumen in Kästen, Kübeln und Ampeln länger blühen, sollten Sie welke Blüten regelmäßig entfernen. So verhindern Sie, dass Samen angesetzt werden, und regen die Pflanze zur Bildung immer neuer Blütenknospen an.

**Duftwicken pflücken.** Duftwicken gehören zu den schönsten Frühsommerblühern im Garten. Sie hören einfach nicht auf zu blühen, auch wenn man immer wieder Stiele für die Vase schneidet. Im Gegenteil, wenn Sie alle Blüten an der Pflanze belassen, stellt sie die Bildung neuer Blütentriebe mit der Zeit ein. Entfernen Sie Blattläuse an den Trieben, denn sie können eine Viruskrankheit übertragen, die auch Erbsen befällt, außerdem verringert der Lausbefall die Blütezeit.

**Stauden stützen.** Hohe Stauden, die leicht kopflastig werden und umkippen können, sollten mit Ringen,

Netzen oder Y-Stäben gestützt werden. Fast unsichtbar verschwinden Reisigzweige, wie man sie zum Erbsenstützen verwendet, im dichten Grün.

**Buchsbaum schneiden.** Buchshecken, -kugeln und andere Formen sehen jetzt etwas zerzaust aus, da der neue Austrieb schon recht lang geworden ist. Geben Sie den Sträuchern mit einer Hecken- oder Buchsschere einen kleinen Formschnitt. Wenn Sie stärker zurückschneiden müssen, ist eine anschließende Dünger- und Wassergabe sinnvoll, damit der Buchs wieder kräftig aus dem alten Holz durchtreiben kann.

# Der Garten im Juni

**Kübelpflanzen gießen.** Kontrollieren Sie Pflanzen in Töpfen und Kübeln täglich und gießen Sie, wenn sich die Erde trocken anfühlt. Wenn Sie der Blumenerde bei der Pflanzung einen Langzeitdünger beigemischt haben, muss so lange, wie dieser wirkt, nicht zusätzlich gedüngt werden. Damit die Blütezeit möglichst lange dauert, werden welke Blüten laufend entfernt.

**Wolfsmilch in Schach halten.** Etliche Wolfsmilcharten bilden viele Samen und säen sich leicht von alleine aus. Entfernen Sie daher rechtzeitig die Blütenstände an der Basis. Da der Milchsaft dieser Gewächse giftig ist und Hautreizungen verursacht, sollten Sie bei dieser Arbeit Gummihandschuhe tragen.

## FÜNF-MINUTEN-PROJEKT

**Blaukissen zurückschneiden.** Schneiden Sie diesen hübschen Frühlingsblüher nach der Blüte radikal zurück, dann bleibt die Pflanze schön buschig und kompakt.

## Unbedingt erledigen

**Tomaten anbinden.** Tomaten, sowohl im Gewächshaus wie im Freien gepflanzte, brauchen eine Stütze, an der sie angebunden werden. Nur Strauch- und Buschtomaten kommen ohne diese aus. Bei Stabtomaten lässt man nur den Mitteltrieb wachsen, an dem die Blüten und Früchte gebildet werden, Seitentriebe werden ausgegeizt (entfernt). Geben Sie den Pflanzen regelmäßig speziellen Tomatenflüssigdünger, damit Sie viele Früchte ernten können.

## PFLANZENSCHUTZ

**Wollläuse.** Halten Sie nach grau-weißwolligen Belägen an jungen Trieben von Apfelbäumen Ausschau. Es handelt sich um die Schutzhülle von Wollläusen, die die Triebe anstechen und den Pflanzensaft saugen. Eine wirkungsvolle Bekämpfungsmöglichkeit ist das Besprühen und Abspritzen der Triebe mit Schmierseifenbrühe. Dazu 15–30 g Schmierseife in 1 Liter warmem Wasser auflösen, abkühlen lassen und unverdünnt spritzen. Verwenden Sie nur reine Kaliseife und keine Haushaltsseife mit Zusatz- oder Duftstoffen.

# Der Garten im Juni

**Gewächshausgemüse pflanzen.** Tomaten, Gurken, Paprika und Auberginen können nun in ihre endgültigen Töpfe oder Container sowie ins Grundbeet gepflanzt werden, sollte dies nicht schon im Mai geschehen sein.

## Empfehlenswerte Arbeiten

**Aussaat.** Zweijährige Pflanzen wie Fingerhut, Vergissmeinnicht und Goldlack werden ein Jahr vor der geplanten Blüte ausgesät. Sie können zwar auch bis zum Herbst warten, wenn sie als Jungpflanzen angeboten werden, die Auswahl an Arten und Sorten zur eigenen Anzucht aus Samen ist aber viel größer – und günstiger. Ein ganzes Beet mit weißem Fingerhut ist schon ein Hingucker. Weitere Pflanzen, die jetzt ausgesät werden können, sind Silberblatt, Primeln, Stiefmütterchen und Gänseblümchen. Stellen Sie die Aussaatschalen kühl und schattig bei maximal 18 °C auf, da zu hohe Temperaturen die Keimung hemmen.

**Kühlen und schattieren.** Damit sich das Gewächshaus nicht überhitzt, werden Fenster und Türen tagsüber geöffnet. Ein Ventilator kann für eine zusätzliche Luftbewegung und damit Abkühlung sorgen.

### FÜNF-MINUTEN-PROJEKT

**Weiße Fliege bekämpfen.** Dieser gefürchtete Schädling lässt sich wie Minierfliegen und Trauermücken mit Gelbtafeln bekämpfen. Hängen Sie sie an Drähten in der Nähe der gefährdeten Pflanzen auf.

# OBSTGARTEN

## Unbedingt erledigen

**Früchte ausdünnen.** Obstbäume neigen dazu, sehr viele Früchte anzusetzen. Wenn man sie alle reifen lassen würde, wären viele kleine Früchte das Ergebnis – und im nächsten Jahr eine geringere Ernte. Der Baum hat nicht genug Kraft, um alle Früchte ausreichend zu versorgen. Eine gewisse Anzahl fällt von alleine ab, trotzdem sollten Sie noch mehr entfernen. Als Faustregel für den Abstand der Früchte, die an den Zweigen verbleiben sollten, gilt:

- Kochäpfel: 15–22 cm
- Tafeläpfel: 10–15 cm
- Pfirsiche: 15–20 cm
- Birnen: 10–15 cm
- Pflaumen: 8–10 cm

## Empfehlenswerte Arbeiten

**Beerenobst ernten.** Erdbeeren, Himbeeren, Tay- und Jostabeeren beginnen nun zu reifen und können geerntet werden. Wenn noch nicht geschehen, sollten Sie die Pflanzen jetzt mit Vogelschutznetzen versehen, damit die Früchte nicht von Amseln und anderen Vögeln gefressen werden.

## PFLANZENSCHUTZ

**Vögel.** Schützen Sie Beerenobst mit Vogelschutznetzen.

**Stachelbeer-Blattwespe.** Die raupenähnlichen Larven können die Pflanze in kurzer Zeit kahl fressen. Sammeln Sie die Larven regelmäßig ab.

**Johannisbeer-Blasenlaus.** Verursacht braunrote, aufgewölbte Blattbereiche. Befallene Blätter und Triebe sofort entfernen und in den Hausmüll geben.

# Der Garten im Juni

**Erdbeeren vermehren.** Erdbeeren vermehren sich von Natur aus durch Ausläufer, das sind kleine Pflanzen, die am Ende langer Seitentriebe gebildet werden. Wenn Sie diese kleinen Pflänzchen bewurzeln, bekommen Sie viele Jungpflanzen, von denen Sie im nächsten Jahr Früchte ernten können.

- Wenn Sie einen Ausläufer entdecken, graben Sie ein kleines Loch in die Erde, wo er aufgelegen hat. Stellen Sie ein kleines Töpfchen mit Blumenerde in das Loch. So steht der Topf fest und kippt nicht um.
- Fixieren Sie die Pflanze mit einer Drahtkrampe. Eine aufgebogene Büroklammer oder ein gebogenes Stück Gartendraht reicht auch aus.
- Gießen Sie das Pflänzchen im Topf an und halten Sie die Erde feucht, bis sie eingewurzelt ist. Dann können Sie den Ausläufer abschneiden und die Jungpflanze an einem sonnigen Platz ins Beet pflanzen oder in einen größeren Topf umsetzen.

## FÜNF-MINUTEN-PROJEKT

**Beerenobst aufbinden.** Brombeeren und Taybeeren bilden sich an den vorjährigen Trieben. Leiten Sie die Neutriebe in die entgegengesetzte Richtung der diesjährigen Fruchttriebe, dann sind sie bei der Ernte nicht im Weg und können leichter angebunden werden.

# GEMÜSEGARTEN

## Unbedingt erledigen

**Aussaat im Freiland:**

- Lückenfüller: Rote Bete, Karotten, Radieschen, Frühlingszwiebeln, Salat, Schnittsalat, Rübchen, Chinakohl, Pak Choi und Asia-Salate
- Erbsen, Buschbohnen, Brokkoli, Blattmangold für die Ernte im Spätsommer

**Pflanzen:**

- Knollen- und Stangensellerie

**Ernte:**

- Neue Kartoffeln
- Erbsen und Zuckerschoten
- Dicke Bohnen
- Spinat und Blattmangold
- Salat und Pflücksalat
- Radieschen
- Karotten und Zucchini

**Empfindliche Gemüse.** Wenn Sie in einer rauen Gegend wohnen oder der Mai lange kalt war, ist jetzt der Zeitpunkt, um kälteempfindliche Gemüse wie Zucchini, Squashkürbis, Süßmais, Stangen- und Feuerbohnen zu pflanzen.

**Düngen.** Stark zehrende Gemüse wie Kopfkohl, Kartoffeln und Mangold sind jetzt für eine kleine Volldüngergabe dankbar, die zwischen den Pflanzen ausgestreut und leicht eingearbeitet wird. Erbsen, Bohnen, Zwiebeln und Möhren benötigen in der Regel keine zusätzliche Düngung.

**Unkraut.** Nicht nur das Gemüse wächst jetzt üppig. Damit Unkraut nicht lästig oder gar ein Problem wird, sollten Sie regelmäßig hacken, damit die keimenden Unkräuter keine Chance haben, Samen anzusetzen. Große Gemüse wie Kohl beschatten die Beete bald, sodass hier weniger Jäten und Hacken anfällt.

### PFLANZENSCHUTZ

**Mehltau an Kohl.** Entfernen Sie alle Blätter, die sich gelblich verfärben, damit sich diese Pilzkrankheit nicht weiter ausbreiten kann.

# Der Garten im Juni

## PFLANZENSCHUTZ

**Schwarze Bohnenblattlaus.** Stangenbohnen können und dürfen nicht mit Insektenschutznetzen bedeckt werden – sie sind zu hoch und brauchen außerdem Bienen und Hummeln zur Bestäubung der Blüten. Bringen Sie vorbeugend Strohmulch zwischen den Pflanzen aus. Eine Spritzung mit Schmierseifenbrühe (siehe Seite 115) schafft ebenfalls Abhilfe.

**Spargelhähnchen.** Halten Sie nach den orange-schwarzen Käfern und den gräulich-schwarzen Larven Ausschau, die an den Trieben der Spargelpflanze fressen. Dadurch welken die nadeligen Blätter und Triebspitzen, es können sogar ganze Triebe absterben. Entfernen Sie alte Triebe von Hand.

## Empfehlenswerte Arbeiten

**Zucchini bestäuben.** Wenn das Wetter nass und kalt ist, fliegen nicht so viele Hummeln und Bienen, die die Bestäubung übernehmen. Damit Ihre Zucchini genügend Früchte ansetzen, können Sie helfend eingreifen: Mit einer männlichen Blüte (erkennbar an der fehlenden Schwellung am Stiel) wird der Pollen auf die Narbe einer weiblichen Blüte (mit dicker Schwellung an der Blütenbasis) übertragen. Am einfachsten geht dies, wenn Sie vorher die Blütenkronblätter der männlichen Blüte entfernen.

**Salat ernten.** Sobald die ersten Blätter groß genug sind, dass man sie essen kann, können Sie bei Pflücksalaten die äußeren entfernen und ernten. Wenn man Pflücksalat ungestört wachsen lässt, ist die Wahrscheinlichkeit groß, dass er „schießt", also Blüten bildet und dann nicht mehr schmeckt (da er dann sehr viel bitteren Milchsaft enthält).

**Erbsen und Bohnen ernten.** Erbsen und Bohnen gehören zu den ersten Gemüsen, die Sie ernten können. Damit Sie von jeder Pflanze möglichst viele Früchte ernten können, sollten Sie rechtzeitig und regelmäßig durchernten. Wenn die Hülsen länger an der Pflanze reifen, stellt sie die Bildung neuer Blüten und damit neuer Hülsen ein. Bei einer Ernteschwemme können Sie Erbsen und Bohnen ganz einfach nach kurzem Blanchieren einfrieren und später essen.

**Frühgemüse ernten.** Viele Gemüse, die in Töpfen vorgezogen wurden, können Mitte/Ende Juni geerntet werden. Dazu gehören Frühkartoffeln, Baby-Möhren und Zucchini. Ihnen folgen dann nach und nach die direkt ausgesäten oder gepflanzten Kulturen. Während Sie von Kartoffeln in Kübeln bei den ersten Pflanzen nur ein paar Handvoll Knollen ernten können, bringen die folgenden einen höheren Ertrag. Statt die Kartoffelpflanzen komplett aus dem Boden zu heben und abzuernten, können Sie auch mit einer Grabegabel neben der Pflanze einstechen, die Erde leicht anheben und alle hühnereigroßen Knollen ernten. Die kleineren bleiben im Boden und werden später ausgegraben.

**Lücken füllen.** Manchmal entstehen ungeplante Lücken in den Beeten. Zum Glück gibt es im Gartencenter genug Jungpflanzen oder Saatgut, um sie zu füllen. Wenn der Boden sehr trocken ist, sollte er vor der Pflanzung oder Aussaat gewässert werden.

## PFLANZENSCHUTZ

**Kohlweißlinge.** Zur Vorbeugung können Sie die Pflanzen mit einem Insektenschutznetz abdecken, damit die weiblichen Schmetterlinge erst gar keine Eier auf die Pflanzen ablegen können. Kontrollieren Sie das Netz regelmäßig daraufhin, ob es Löcher hat und/oder auf der Pflanze aufliegt, denn dann können die Schmetterlinge die Eier durch die Maschen auf die Blätter legen. Die typischen Raupen dieses weiß-schwarzen Schmetterlings sind leicht zu erkennen. Sammeln Sie sie regelmäßig ab, denn sie können schnell den ganzen Kohlkopf verderben, wenn sie sich hindurchfressen. Legen Sie abgesammelte Larven auf ein kleines Brett, das auf einen Pflock genagelt wurde. Schnell finden sich Meisen und andere Vögel ein, die sie fressen – und danach im Gemüsebeet auf Raupenjagd gehen und den Larven, die Sie übersehen haben, den Rest geben.

# Der Garten im Juni

## NOCH IST ES NICHT ZU SPÄT …

**… für die Pflanzung kälteempfindlicher Gemüse** wie Squashkürbis, Zucchini und Süßmais. Wenn Sie keine Pflanzen aus Samen vorgezogen haben, gibt es jetzt noch Jungpflanzen im Gartencenter.

**… um Kartoffeln anzuhäufeln,** damit die Knollen nicht ans Licht kommen und vergrünen. Außerdem sind sie so vor Kälte geschützt.

**… für die Pflanzung von Wintergemüse** (siehe Seite 101).

**Knollen- und Stangensellerie pflanzen.** Die vorgezogenen Jungpflanzen sollten nun groß genug sein, dass sie ausgepflanzt werden können. Selbstbleichende Stangensellerie-Sorten können in Gruppen oder Blocks gepflanzt werden, normale „grüne“ Sorten können auch wie sonst üblich in Reihen gesetzt und dann angehäufelt werden.

**Boden anfeuchten.** Wenn der Boden vor dem Pflanzen sehr trocken ist, sollten Sie in die Rille oder die Pflanzlöcher einige Stunden vor dem Einsetzen der Pflanzen Wasser gießen, das dann tief versickern kann und nicht ungenutzt in die umgebende Erde abfließt.

# RASEN

## Unbedingt erledigen

**Wöchentlich Rasen mähen.** Wenn Sie regelmäßig mähen, wird der Rasen in kurzer Zeit dicht und strapazierfähig. In einem dichten Rasen hat auch Unkraut weniger Chancen sich anzusiedeln, und wenn regelmäßig gemäht wird, kann vorhandenes keine Samen ansetzen und sich weiter verbreiten.

**Unkraut schwächen.** Langsam wachsendes Unkraut wie Klee und Schafgarbe wird geschwächt, wenn Sie vor dem Mähen einen Rechen durch den Rasen ziehen. Dadurch werden die Unkrautblätter aufgestellt und auf diese Weise beim Mähen besser abgeschnitten.

## Empfehlenswerte Arbeiten

**Rasenkanten säubern.** Wenn man keine Zeit zum Mähen hat, sollte man wenigstens die Rasenkanten abstechen oder mit einer Motorsense kürzen. Der Rasen sieht dann gleich viel ordentlicher aus.

**Düngen.** Gras reagiert auf eine Düngergabe schnell mit einer satten, dunkelgrünen Farbe. Denken Sie daran, während längerer Trockenperioden den Rasen ausreichend zu wässern.

### PFLANZENSCHUTZ

**Seerosenblattläuse.** Diese Blattlausart befällt viele Teichpflanzen und ist nur schwer zu bekämpfen, da man außer mit einem scharfen Wasserstrahl nicht an sie herankommt. Der Einsatz von Insektiziden verbietet sich im Teich, auch eine Schmierseifenspritzbrühe sollte nicht eingesetzt werden.

# GARTENTEICH

## Unbedingt erledigen

**Algen und Wasserlinsen entfernen.** Wasserpflanzen brauchen Licht zum Leben. An der Wasseroberfläche treibende Algenplacken und Wasserlinsen („Entengrütze") wachsen schnell und können in kurzer Zeit die ganze Teichoberfläche bedecken. Unterwasserpflanzen haben dann keine Chance und gehen ein. Keschern Sie die Wasserlinsen einfach regelmäßig mit einem Sieb oder Kescher ab, eine andere Bekämpfungsmöglichkeit gibt es nicht.

# Der Garten im Juni

## MATERIAL

- 2 wasserundurchlässige glasierte Pflanzgefäße, eines kleiner, da es oben aufgesetzt wird.
- Kleine Pumpe
- Großer Mörteleimer als Einsatz für das große Keramikgefäß
- Silikondichtmasse und Silikonpistole
- 13-mm-Schlauch, 45 cm lang
- Dickes verzinktes Gitter als Einsatz für beide Keramikgefäße
- Feines Kunststoffgitter oder -netz als Einsatz für beide Keramikgefäße
- 1 Sack polierte Flusskiesel
- Schere
- Drahtzange oder Kneifzange
- Cutter oder Teppichmesser

## WASSERSPIEL SELBST BAUEN

Mit einem einfachen, frei stehenden Wasserspiel bringen Sie Leben in den Garten. Wir haben dieses im lichten Schatten unter Japanischem Fächerahorn und zwischen Funkien aufgestellt, aber ein Sprudelstein wirkt überall im Garten gut.

**1** Ziehen Sie das Stromkabel der Pumpe durch das Abzugsloch des großen Pflanzgefäßes. Achten Sie darauf, dass das Kabel im Inneren lang genug ist, damit die Pumpe zur Reinigung und Wartung herausgehoben werden kann. Anschließend wird das Abzugsloch mit Silikon abgedichtet.

**2** Schneiden Sie den Boden aus dem Mörteleimer heraus und stellen Sie ihn in das große Tongefäß, mit der Pumpe in der Mitte. Der Rand sollte etwa 5 cm unterhalb des Tongefäßrandes liegen, da auf ihn die Gitter und Kiesel gelegt werden.

**3** Schneiden Sie das Drahtgitter so zu, dass es durch die Öffnung des Tongefäßes passt, aber auf dem Rand des Mörteleimers aufliegt. Befestigen Sie den Schlauch an der Pumpe und fädeln Sie das freie Ende durch das Drahtgitter.

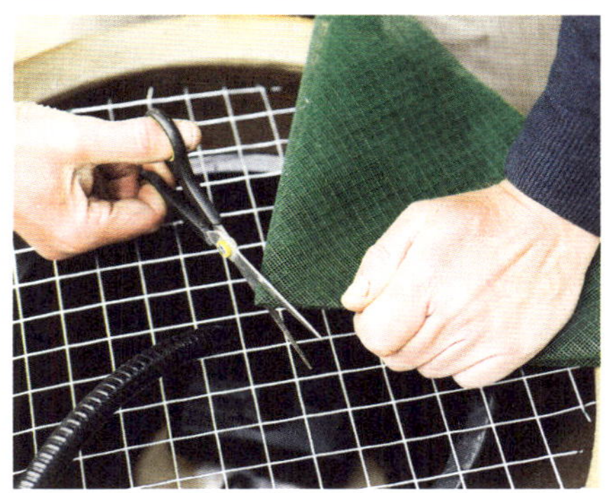

**4** Schneiden Sie ein Loch in die Mitte des Kunststoffnetzes (einfach zweimal falten und die Spitze des Trichters abschneiden), damit der Schlauch hindurchpasst. Das feine Netz verhindert, dass Kiesel und Schmutz in das Wasserreservoir fallen.

**5** Jetzt wird der Schlauch durch das Abzugsloch des kleineren Topfes gezogen und 1–2 cm über der Randhöhe des Topfes abgeschnitten. Dann werden die Schritte 2–4 mit dem kleinen Topf wiederholt.

**6** Füllen Sie den großen Topf mit Wasser und schalten Sie die Pumpe ein. Wenn alles passt und der Schlauch nicht mehr gekürzt werden muss, werden nur noch die Kiesel aufgelegt. Dann können Sie sich zurücklehnen und das Plätschern genießen!

# DER GARTEN IM JULI

**Der Sommer ist die schönste Zeit im Garten. Die ersten Äpfel und Beeren werden reif, die Blumenbeete präsentieren sich in voller Pracht und viele Sträucher und Hecken sind kräftig gewachsen und können zurückgeschnitten werden, während der Gemüsegarten eine Köstlichkeit nach der anderen liefert.**

# JULI
# Arbeiten im Überblick

## ZIERGARTEN

Balkon- und Kübelpflanzen pflegen
Rosen düngen
Vogeltränke einrichten
Hecken schneiden
Selbstversamte Pflanzen ausgraben und eintopfen
Gießen bei Bedarf
Regenwasser sammeln
Schnäppchenjagd im Gartencenter
Urlaubspflege organisieren

## GEWÄCHSHAUS

Gießen
Lavendelstecklinge schneiden
Spinnmilben bekämpfen

## OBSTGARTEN

Ernten
Falllaub aufsammeln

## GEMÜSEGARTEN

Bohnen und Frühlingskohl aussäen
Lückenfüller aussäen
Wintergemüse pflanzen
Wöchentlich gießen (bei Trockenheit)
Ernten
Folgesätze säen oder pflanzen

## RASEN

Rasen etwas länger wachsen lassen
Mindestens einmal wöchentlich mähen

## GARTENTEICH

Abgestorbene Pflanzenreste entfernen

## ZIERGARTEN

### Unbedingt erledigen

**Balkon- und Kübelpflanzen pflegen.** Damit sich Ihre Balkon- und Kübelpflanzen sowie die Blumenampeln bis in den Herbst in voller Pracht präsentieren, ist eine aufmerksame Pflege wichtig. Kontrollieren Sie jeden Morgen die Blumenerde um festzustellen, ob gegossen werden muss. Fühlt sich das Substrat trocken an, wird durchdringend gegossen. Bei warmem Wetter kann es sein, dass sogar zweimal am Tag gewässert werden muss. Düngen Sie einmal pro Woche mit einem Flüssigdünger und entfernen Sie die Blüten, sobald sie welk werden. Wenn Sie ein paar Tage nicht zu Hause sind, werden die Pflanzen an einen schattigen Platz gestellt (beziehungsweise die Ampeln gehängt) und vorher gut gegossen.

**Rosen düngen.** Da Rosen kräftig wachsen, brauchen sie viele Nährstoffe. Bis Ende Juli werden sie noch gedüngt, jedoch nicht mehr so stickstoffbetont. Das fördert noch eine üppige Blüte bis in den Herbst, ermöglicht aber auch, dass die Triebe genug Zeit haben um auszureifen. Düngt man noch später im Jahr, besteht die Gefahr von Frostschäden an den jungen, weichen Trieben.

**Wasser für Vögel und Wildtiere.** Nicht nur Pflanzen haben bei Hitze Durst, sondern auch Tiere. Füllen Sie jeden Tag frisches Wasser in Ihr Vogelbad. Wenn Sie dies ein paar Mal vergessen, kann es sein, dass die Gefiederten sich lieber in Nachbars Garten abkühlen. Damit das Becken nicht veralgt oder sich gar Krankheitserreger ansammeln, sollte es einmal pro Woche geleert, geschrubbt und frisch befüllt werden.

### NOCH IST ES NICHT ZU SPÄT …

**… um hohe Stauden** und andere Pflanzen mit Stützstäben auszustatten und aufzubinden. So verhindern Sie, dass sie bei Wind und Regen umkippen.

## Empfehlenswerte Arbeiten

**Hecken schneiden.** Juli und August sind wichtige Monate zum Heckenschneiden. So bleiben sie gut in Form und werden nicht zu breit. Zum Schneiden eignen sich Handscheren oder eine elektrische Heckenschere. Da sich das Wachstum zum Herbst hin verlangsamt, reicht es meist, wenn im August das letzte Mal geschnitten wird. Kontrollieren Sie vor dem Schneiden immer, ob Vögel in der Hecke nisten. Dann darf nicht geschnitten werden!

- Heckenpflanzen wie Liguster und Heckenmyrte, die kleine Blätter haben, können mit der Heckenschere geschnitten werden.
- Hecken aus Pflanzen mit größeren Blättern wie Lorbeerkirschen, Stechpalmen und Portugiesische Lorbeerkirsche werden besser mit einer Ast- oder Rosenschere geschnitten. Mit der Heckenschere verletzt man viele Blätter, die dann braun eintrocknen und die Hecke zu einem sehr unattraktiven Anblick werden lassen.

**Selbstausgesäte Pflanzen umsetzen.** Viele Stauden breiten sich durch Selbstaussaat im ganzen Beet (oder Garten) aus. Graben Sie überzählige Jungpflanzen einfach aus und pflanzen Sie sie an einer anderen Stelle im Garten ein. Sie sind auch ein schönes Geschenk für Nachbarn und Freunde.

# Der Garten im Juli

## PFLANZENSCHUTZ

**Ohrwürmer.** Diese Insekten können an den Blüten von Dahlien große Fraßschäden hinterlassen. Stellen Sie Stöcke mit daran hängenden, umgestülpten, mit Holzwolle oder Stroh gefüllten Blumentöpfen aus. In diese ziehen sich die Ohrwürmer tagsüber zurück und können leicht an unbedenklichen Stellen im Garten wieder ausgesetzt werden.

## NOCH IST ES NICHT ZU SPÄT …

**… um Kletterpflanzen aufzubinden.** Schling- und Kletterpflanzen blühen, genau wie Kletterrosen, am üppigsten an horizontalen Trieben. Senkrechte Schösslinge blühen nur an der Spitze. Binden Sie daher die neuen Triebe von diesem Jahr möglichst waagrecht an, das beschert Ihnen im kommenden Jahr eine üppige Blüte.

**Wässern bei Trockenheit.** Wenn es einmal ein bisschen wärmer wird, ist das noch kein zwingender Grund, den Garten unter Wasser zu setzen. Angewachsene und etablierte Pflanzen kommen (fast) ohne zusätzliche Bewässerung aus. Auch ein Rasen erholt sich nach einer Trockenperiode überraschend schnell. Aber alle Pflanzen, die im letzten Monat gepflanzt wurden, sind auf zusätzliche Wassergaben angewiesen, wenn es länger nicht geregnet hat. Es ist besser, die Pflanzen nur einmal wöchentlich, dann jedoch durchdringend zu gießen, als jeden Tag nur ein bisschen. Dies würde nur eine Wurzelbildung in den obersten, flachen Erdschichten anregen und die Pflanzen anfällig für Trockenheit machen. Am besten zum Gießen eignet sich Regenwasser, das in einer Regentonne oder in einer Zisterne gesammelt werden kann.

**Feuerdorn schneiden.** Feuerdorn blüht und fruchtet an den Trieben des Vorjahrs. Damit die Beeren besonders gut zur Geltung kommen, können Sie bei an Spalieren gezogenen Exemplaren die Seitentriebe auf zwei bis drei Knospen/Blätter zurückschneiden. Tragen Sie dabei besser dicke Handschuhe, denn die Dornen an den Trieben sind lang, spitz und tückisch.

**Schnäppchen im Gartencenter.** Nach dem Frühlingsansturm müssen Gartencenter und Gärtnereien die Verkaufstische für die Herbstware räumen. Halten Sie nach Schnäppchen Ausschau, denn viele Pflanzen, Töpfe, Zubehör, Gartenmöbel sind nun stark reduziert.

**Verjüngungskur für Stauden.** Viele früh blühende Stauden sehen mittlerweile etwas zerzaust und unordentlich aus. Am besten schneidet man sie kräftig zurück, damit sie neue Blätter und vielleicht sogar einen zweiten Blütenflor bilden. Diese „Verjüngungskur“ funktioniert besonders gut bei Frauenmantel, Katzenminze, Storchschnabel und Orientalischem Mohn.

## GEWÄCHSHAUS

### Unbedingt erledigen

**Pflanzen wässern.** Gewächshauspflanzen in Containern und Pflanzsäcken sind auf die Wasserversorgung durch uns angewiesen. Da sie durch das begrenzte Erdvolumen und die höheren Temperaturen im Gewächshaus schneller austrocknen, müssen sie täglich kontrolliert und gegossen werden.

### PFLANZENSCHUTZ

**Spinnmilben.** Diese kleinen, auch Rote Spinne genannten Schädlinge können sich bei warmem, trockenem Wetter und niedriger Luftfeuchtigkeit im Gewächshaus rasend schnell ausbreiten. Sie saugen an den Blättern und Trieben und können die Pflanzen so schädigen, dass sie eingehen. Achten Sie auf fleckige Blätter und feine Gespinste an den Triebspitzen. Am wirkungsvollsten sind im Gewächshaus eine Bekämpfung mit Nützlingen (Schlupfwespen) und vorbeugende Maßnahmen wie eine gute Durchlüftung und hohe Luftfeuchtigkeit.

### Empfehlenswerte Arbeiten

**Lavendelstecklinge schneiden.** Lavendel ist eine wunderbare Gartenpflanze und lässt sich leicht durch Stecklinge vermehren. So können Sie sich in kurzer Zeit eine große Anzahl eigener Pflanzen anziehen.

- Mit einem scharfen Messer werden gesunde, etwa 10 cm lange Triebspitzen (ohne Blüten) abgeschnitten.
- Streifen Sie die Blätter im unteren Bereich (5 cm) ab.
- Stecken Sie die Stecklinge in ein Gemisch aus Anzuchterde und Sand (50:50).
- Leicht angießen, dann kühl und schattig aufstellen. Innerhalb weniger Wochen bewurzeln die Stecklinge und können so im kommenden Frühling ausgepflanzt werden.

# Der Garten im Juli

**NOCH IST ES NICHT ZU SPÄT …**

**… um Beerenobst** mit Vogelschutznetzen zu bedecken.

## OBSTGARTEN

### Unbedingt erledigen

**Ernten.** Jetzt ist die Zeit der klebrigen Finger, denn im Juli reifen viele Früchte: Pflaumen, Brombeeren, Schwarze, Rote und Weiße Johannisbeeren, Stachelbeeren, Himbeeren und Heidelbeeren. Geerntet wird, sobald die Früchte reif sind, da sie sonst am Strauch oder Baum verderben oder von Tieren gefressen werden.

**Falllaub aufrechen.** Da Obstbäume von einer ganzen Anzahl Pilzkrankheiten befallen werden können, ist es ratsam, Blätter, die abfallen, zu entfernen. So können Sie zumindest einer schnellen Wiederinfektion mit Rost, Mehltau oder Schorf vorbeugen. Geben Sie das Laub nicht auf den Kompost, sondern in die Biotonne oder den Restmüll.

### Empfehlenswerte Arbeiten

**Äpfel und Birnen schneiden.** Spalierobst wie Apfelkordone, Birnen- und Pflaumenfächer sowie -pyramiden sollten im Sommer geschnitten werden, damit sie nicht aus der Form geraten.

- Bei Äpfeln und Birnen verholzen die Neutriebe jetzt an der Basis. Schneiden Sie die Seitentriebe, die direkt am Stamm erscheinen, auf drei Blätter zurück.

- Triebe aus vorhandenen Seitentrieben oder von Fruchtspießen (dicke, kurze Triebe, an denen die Blüten und Früchte erscheinen) werden auf ein Blatt zurückgenommen. Senkrecht nach oben wachsende Triebe werden ganz entfernt.
- Bei Pflaumen in Pyramidenform werden die Haupttriebe auf 20 cm, die Seitentriebe auf 15 cm zurückgeschnitten.
- Bei Pflaumen in Fächerform werden Nebentriebe nach der Ernte auf drei Blätter zurückgeschnitten.

# GEMÜSEGARTEN

## Unbedingt erledigen

**Direktsaat im Beet:**

- Buschbohnen
- Stangenbohnen
- Frühlingskohl
- Lückenfüller: Rote Bete, Möhren, Salat, Pflücksalat, Asia-Salate, Lauchzwiebeln, Radieschen, Rübchen

**Pflanzen:**

- Lauch
- Winterkohl

**Ernten:**

- Erbsen und Dicke Bohnen
- Buschbohnen, Stangenbohnen und Feuerbohnen
- Mini-Rote-Bete (Baby-Beets), Baby-Möhren, Radieschen, Frühlingszwiebeln
- Knoblauch und Schalotten
- Zweiter Satz Frühkartoffeln
- Zucchini
- Brokkoli
- Mangold

**Nach Bedarf gießen.** Wenn es lange sehr heiß und trocken ist, sollten vorrangig diese Kulturen gegossen werden:

- Blattsalate
- Blumenkohl und Brokkoli, sobald sie Köpfe bilden
- Bohnen, vor allem Stangenbohnen in Blüte
- Aussaaten und frisch gepflanzte Jungpflanzen

**Durchdringend gießen.** Wenn Sie gießen, dann besser nur alle ein bis zwei Wochen, dann aber durchdringend, bis das Wasser 20–25 cm tief in den Boden gesickert ist. So gegossene Pflanzen vertragen Trockenheit besser als täglich und oberflächlich gewässerte.

## PFLANZENSCHUTZ

**Kraut- und Braunfäule.** Diese Pilzkrankheit kann in kurzer Zeit ganze Tomaten- und Kartoffelpflanzungen hinwegraffen. Besonders bei feuchtem, warmem Wetter und Regen breitet sich der Pilz rasend schnell aus und befällt Blätter, Triebe und bei Kartoffeln auch die Knollen. Das erste Symp-tom sind schwarze Flecken auf den Blättern. Schneiden Sie befallene Pflanzenteile weg. Nicht auf den Kompost geben, denn die Pilzsporen überleben lange im Boden und gelangen mit dem Kompost wieder an die Pflanzen. Während Kartoffeln von befallenen Pflanzen noch genießbar sind, faulen Tomaten meist schon am Trieb oder ein paar Tage nach der Ernte. Da der Pilz auch über die Luft und mit Regen verbreitet wird, sollten Tomaten im Freien immer ein Regendach bekommen oder in einem speziellen Tomatenhaus angebaut werden.

**Gemüse für die Herbst- und Winterernte.** Wenn Sie die Pflanzen nicht selbst angezogen haben, können Sie auch in einer Gärtnerei oder im Gartencenter Jungpflanzen kaufen. Decken Sie die Pflanzen nach dem Einsetzen im Beet mit Kulturschutznetzen gegen Insekten ab.

## Empfehlenswerte Arbeiten

**Zucchini ernten.** Blüten zum Füllen werden am besten frühmorgens geerntet und im Kühlschrank aufbewahrt. Verwenden Sie dazu bevorzugt die männlichen Blüten (ohne Schwellung am Stiel), wenn Sie aber eine Ernteschwemme erwarten, können natürlich auch weibliche verwendet werden. Sobald Zucchinifrüchte eine Länge von etwa 15 cm erreicht haben, sollten sie geerntet werden.

**Wurzelgemüse ernten.** Baby-Möhren und Baby-Beets (Mini-Rote-Bete) sollten geerntet werden, wenn sie etwa 1 cm (Möhren) beziehungsweise 2,5 cm (Rote Bete) dick sind. Versuchen Sie beim Herausziehen die benachbarten Pflanzen so wenig wie möglich zu stören. Der Geruch verletzter Möhrenwurzeln lockt die Möhrenfliege an. Möhren, die bereits im Frühling gesät wurden, sind schon größer, (wie die unten abgebildeten).

**Kartoffeln ernten.** Wenn der erste Satz Frühkartoffeln geerntet ist, können Sie sich nahtlos an den zweiten Satz machen. Die mittelfrühen bis späten Sorten können bis in den Herbst geerntet werden, wenn die späten Sorten reif werden. Sie können kühl und dunkel im Keller oder in einer frostfreien Garage gelagert werden. Wenn die Kartoffelknollen zu groß werden, können Sie das Laub abknicken oder abhacken. Das verhindert auch, dass sich die Krautfäule (siehe Seite 136) ausbreiten kann. Sammeln Sie beim Ernten wirklich alle Knollen, auch die kleinsten, ein, denn sonst haben Sie in der kommenden Saison eine Vielzahl unerwünschter Kartoffelpflanzen in den Beeten.

**Winterkohl pflanzen.** Ernten Sie die letzten Lückenfüller in den Beeten, auf die Sie Winterkohl wie Grünkohl, Wirsing, Herbstblumenkohl, Rosenkohl und Sprossenbrokkoli pflanzen möchten. Rosenkohl für die Frühjahrsernte kann jetzt auch ebenfalls gepflanzt werden. Lockern Sie vor der Pflanzung von Kohlgemüse den Boden nicht zu sehr und drücken Sie die Wurzelballen gut an, damit die Pflanzen nicht vom Wind umgeweht werden.

**Frühlingskohl aussäen.** Kohlgemüse, das im nächsten Frühling oder Frühsommer geerntet werden soll, kann nun ausgesät und im September ausgepflanzt werden. Halten Sie die Sämlinge gut feucht und schützen Sie sie vor Schädlingen.

# Der Garten im Juli

**Folgesätze pflanzen.** Nachdem die ersten Beete, die im Frühling bepflanzt wurden, abgeerntet sind, können sie mit Sommer- oder Herbstgemüse neu bepflanzt werden. Entfernen Sie Unkraut, arbeiten Sie etwas Kompost und/oder Volldünger ein und wässern Sie das Beet gründlich, wenn es lange trocken war. Der Boden ist nun warm genug, dass Gemüse wie Buschbohnen direkt gesät werden können. Buschbohnen wachsen schnell, aber auch Stangenbohnen können für eine Ernte im Herbst jetzt noch gesät oder gepflanzt werden. Lauch wird nun von den Anzuchtbeeten auf die endgültigen Beete gepflanzt.

# RASEN

## Unbedingt erledigen

**Extrapflege bei heißem Wetter.** Rasen wird während einer Trockenperiode schnell fahl und gelb, und man ist versucht zu gießen. Damit er saftig grün bleibt, braucht man aber viel Wasser – sehr viel sogar. Sie können den Rasen aber auch einfach welken lassen. Das Gras stirbt nämlich nicht komplett ab, sondern nur die oberen Halme. Fällt Regen, regeneriert sich der Rasen schnell. So können Sie während heißer Tage den Stress für den Rasen reduzieren:

- Stellen Sie die Schneidemesser des Mähers etwas höher, dann wird der Rasen beim Schnitt nicht zu stark gestresst.
- Mähen Sie trotzdem einmal pro Woche, da langes Gras schwer zu mähen ist.
- Lassen Sie das Schnittgut auf der Grasnarbe liegen (moderne Mäher häckseln es so fein, dass es zwischen den Halmen liegen bliebt). Diese Mulchschicht vermindert die Verdunstung.
- Entfernen Sie Unkräuter, sie konkurrieren mit dem Gras um Feuchtigkeit und Nährstoffe.
- Verwenden Sie neue Rasenmischungen mit Mikroklee, da dieser wesentlich mehr Trockenheit verträgt als Rasen, dabei aber genauso grün und trittfest ist.

# GARTENTEICH

## Empfehlenswerte Arbeiten

**Pflanzenreste entfernen.** Damit das Wasser klar bleibt, sollten alle Blätter, Triebe und Pflanzenteile, die ins Wasser gefallen sind oder dort verrotten, entfernt werden. Achten Sie beim Abfischen darauf, dass Sie die Teichfolie nicht mit spitzen Werkzeugen beschädigen.

### NOCH IST ES NICHT ZU SPÄT ...

**... um Algen** aus dem Teich zu entfernen (siehe Seite 81).

# Der Garten im Juli

## SO ÜBERSTEHEN BALKONBLUMEN DEN URLAUB

Es spielt keine Rolle, ob man nur ein Wochenende oder 14 Tage in Urlaub fährt, die Pflanzen auf Balkon und Terrasse bereiten so manchem Gartenbesitzer dann Kopfzerbrechen. Im Gegensatz zu Gartenpflanzen sind sie bei warmem Wetter auf tägliche Wassergaben angewiesen. Schon nach einem Wochenende sind die Spuren der fehlenden Feuchtigkeit zu erkennen: Welke Blätter, kaum neuer Triebzuwachs, fallende Knospen, vielleicht sogar Mehltaubefall und kaum noch Blüten. Wenn Sie also gerne übers Wochenende wegfahren oder wissen, dass Sie im Sommer ein paar Tage nicht da sind und keine Nachbarn um die Versorgung bitten können, hilft nur eines: Wählen Sie am besten nur Pflanzen, denen ein paar Tage ohne Gießen nichts ausmacht.

### So werden Pflanzen robuster

**Hochwertige Blumenerde** verwenden.

**Vor dem Pflanzen Langzeitdünger** dem Substrat beimischen.

**Substratoberfläche mulchen,** zum Beispiel mit Kieselsteinen oder Rindenhäcksel.

**Flüssigdünger** zur Pflanzenstärkung verwenden.

**Saugende Schädlinge** wie Blattläuse bekämpfen, bevor sie die Pflanze schwächen.

**Durchdringend gießen,** bevor man wegfährt.

**Automatische Bewässerungssysteme** als Alternative.

**Pflanzen, die im Schatten auch einmal eine Woche ohne Gießen auskommen können:**

- Begonie
- Buntnessel
- Gazanie
- Efeu
- Geranie (Pelargonie)
- Verbene

**Pflanzen, die sich recht gut nach einer Vernachlässigung erholen:**

- Nelken
- Kokardenblume
- Fächerblume *(Scaevola)*

**Pflanzen, die ein Wochenende ohne Pflege gut vertragen:**

- Elfenspiegel
- Fuchsien
- Strohblume
- Gundermann
- Kapkörbchen
- Lavendel

**Pflanzen, die nicht vernachlässigt werden dürfen:**

- Zweizahn
- Lobelie
- Hängepetunie (Surfinie) und Petunie

# DER GARTEN IM AUGUST

**Endlich Hochsommer! Egal ob gutes oder schlechtes Wetter herrscht, der Garten verlangt seinen Tribut und es gibt noch eine Menge zu tun: In den Sommerferien können Sie den Garten mit der ganzen Familie genießen, pflanzen und ernten, aber auch Feste feiern oder einfach mal die Seele baumeln lassen.**

# AUGUST
# Arbeiten im Überblick

## ZIERGARTEN

Blauregen schneiden
Welkes ausputzen
Kübelpflanzen gießen
Ziergehölze schneiden
Stecklinge schneiden
Unkraut in Schach halten
Zwiebelblumen kaufen
Samen ernten
Auf Mehltau achten

## GEWÄCHSHAUS

Luftfeuchtigkeit erhöhen und Temperatur senken

## OBSTGARTEN

Beerenobst zurückschneiden
Auf Monilia-Fruchtfäule achten
Fallobst aufsammeln

## GEMÜSEGARTEN

Letzte Sätze Bohnen, Frühlingskohl und Lückenfüller säen
Erbsen und Dicke Bohnen ernten
Auf Kohlweißlingsraupen achten
Knoblauch und Schalotten ernten
Gründüngung einsäen

## RASEN

Gras länger wachsen lassen
Einmal wöchentlich mähen
Rasenschnitt als Mulch in der Grasnarbe belassen
Unkraut jäten

## GARTENTEICH

Pumpenfilter reinigen

# Der Garten im August

## ZIERGARTEN

### Unbedingt erledigen

**Blauregen schneiden.** Durch gezielte Schnittmaßnahmen können Sie Blauregen oder Glyzine, wie diese Schlingpflanze auch genannt wird, zu einer noch üppigeren Blüte anregen. Leiten Sie alle langen Triebe, die dieses Jahr gewachsen sind, an die Kletterhilfe oder schneiden Sie sie auf zwei bis drei Augen (Knospen) zurück. Man kann auch in zwei Etappen schneiden, ein moderater Formschnitt im August und ein stärkerer im März; in milden Gegenden ohne Spätfrostgefahr reicht es aber, alles auf einmal im Spätsommer zu schneiden.

**NOCH IST ES NICHT ZU SPÄT ...**

**... um hohe Stauden zu stützen.** Sie kippen sonst bei Wind und Regen um.

**Blüten ausputzen.** Damit sich der Sommerblumenflor möglichst lange hält, müssen verwelkte Blüten regelmäßig entfernt werden: Setzt die Pflanze Samen an, stellt sie die Bildung neuer Blütenknospen ein.

## Empfehlenswerte Arbeiten

**Kübelpflanzen gießen.** Auch wenn sich im August die Kübelpflanzensaison dem Ende zuneigt, brauchen Pflanzen in Töpfen und Containern regelmäßig Wasser. Lässt der Blütenflor nach, hilft eine leichte Flüssigdüngung mit einem Blütendünger. Geben Sie keinen Stickstoffdünger mehr, da sonst die Triebe nicht richtig ausreifen und die Pflanze krankheits- und kälteanfällig wird.

**Ziergehölze schneiden.** Der August ist ein guter Monat für den Schnitt von Ziergehölzen wie Zierkirschen und Ebereschen. Die Schnittwunden können bis zum Winter noch verheilen und die Gefahr von Krankheiten ist auch nicht mehr so groß. Verwenden Sie immer saubere und vor allem scharfe Schnittwerkzeuge, damit die Schnitte glatt erfolgen und so leichter abheilen. Ausgefranste Schnittwunden heilen schlecht und sind eine Eintrittspforte für Krankheitserreger. Dicke Äste am Stamm lassen sich sicher entfernen, indem man sie zuerst auf der Unterseite einschneidet und dann Stück für Stück entfernt.

- Schneiden Sie zuerst alle kranken, beschädigten oder schwachen Äste sowie unerwünschte Triebe an der Stammbasis heraus.
- Als Nächstes werden Zweige ausgeschnitten, die über Kreuz wachsen und aneinanderscheuern. An diesen Stellen entstehen oft Sollbruchstellen oder Krankheiten können eindringen.
- Zum Schluss werden alle Zweige und Äste entfernt, die den Gesamteindruck stören oder in die falsche Richtung wachsen.

# Der Garten im August

## PFLANZEN-SCHUTZ

**Echter Mehltau** ist eine Pilzkrankheit, die besonders im Spätsommer häufig auftritt. Das wichtigste Symptom ist der weißgraue Belag auf Blättern, jungen Trieben und Knospen. Der Wuchs wird dadurch gehemmt, aber die meisten Pflanzen können sich von einem Befall gut erholen. Echter Mehltau tritt besonders bei warmer, feuchter Witterung auf. Daher ist es wichtig, dass die Pflanzen nach einem Regenschauer schnell abtrocknen können, also nicht zu dicht stehen. Achten Sie beim Gießen darauf, „von unten", also direkt an die Wurzeln zu gießen.

**Stecklinge schneiden.** Nehmen Sie von frostempfindlichen Topf- und Kübelpflanzen jetzt ein paar Stecklinge. Sie sind einfacher zu überwintern als große, ausgewachsene Exemplare.

**Blumenzwiebeln kaufen.** Es mag ungewöhnlich scheinen, jetzt im Hochsommer an den Frühlingsflor zu denken, doch ab Ende August/Anfang September beginnt die Pflanzzeit für alle frühlingsblühenden Zwiebelblumen. Das Angebot in Gartencentern und bei Internetversendern ist riesig und die Auswahl manchmal eine Qual. Je eher Sie zugreifen, desto größer die Auswahl und besser die Qualität. Bei den Herbstblühern können Sie noch Herbstkrokusse, Herbstzeitlose, Sternbergien, Amaryllis (Ritterstern) und Nerine pflanzen. Auch die Frühlingsblüher werden, mit der Ausnahme von Tulpen, gleich in die Erde gesetzt. Haben Sie keine Zeit, lassen sich die Zwiebeln an einem dunklen kühlen Ort, zum Beispiel in einem Schuppen, noch einige Zeit lagern. Machen Sie sich eine Notiz, damit sie nicht vergessen werden! Herbstblüher müssen aber auf jeden Fall sofort gepflanzt werden.

**Samen sammeln.** Versuchen Sie, von so vielen Gartenpflanzen wie möglich Samen zu sammeln, die dann für das nächste Jahr ausgesät werden können. Halten Sie die Samenstände einfach in eine kleine Papiertüte und streifen oder schütteln Sie die Samen hinein. Säen Sie sie entweder sofort aus oder frieren Sie die Samen ein. Und denken Sie daran, dass es keinen Sinn macht, von Gemüse mit dem Sortenzusatz „F1" Samen zu sammeln. Die Nachkommen dieser Hybridsorten sehen immer anders aus als die Eltern.

## GEWÄCHSHAUS

### Unbedingt erledigen

**Boden abspritzen.** Spritzen Sie den Boden im Gewächshaus bei warmem Wetter nass. Durch die Verdunstungskälte sinkt die Temperatur etwas und die höhere Luftfeuchtigkeit vertreibt Schädlinge wie Spinnmilben. Wichtig: Fenster und Türen zur Lüftung öffnen. Dies verringert die Gefahr von Pilzkrankheiten durch stehende Luft.

## OBSTGARTEN

### Unbedingt erledigen

**Beerenobst schneiden.** Bei Sommerhimbeeren, Brombeeren, Tay- und Jostabeeren werden jetzt alle Triebe, die gefruchtet haben, zurückgeschnitten. So wird Platz für die jungen grünen Triebe geschaffen, die dieses Jahr gewachsen sind und die nächstes Jahr Früchte tragen. Binden Sie diese dabei gleich an die Stützen und Drähte.

**Fallobst** ist ein Magnet für Wespen. Sammeln Sie es auf und geben Sie es auf den Kompost. Mischen Sie jedoch immer grobes, luftiges Material mit unter. Mit weißen Pilzpusteln befallene Früchte mit dem Hausmüll entsorgen.

## PFLANZENSCHUTZ

**Monilia-Fruchtfäule** zeigt sich an braunen, weichen Stellen an Früchten, die immer größer werden, bis die ganze Frucht faulig und von kleinen weißen Pilzkörpern übersät ist. Manche Früchte fallen ab, andere bleiben am Baum hängen und trocknen ein (Fruchtmumien). Sammeln Sie alle ab und werfen Sie sie in den Müll.

# Der Garten im August

## PFLANZENSCHUTZ

**Kohlweißlingsraupen.** Die Raupen dieses weiß-schwarzen Falters können in kurzer Zeit eine ganze Kohlpflanze bis auf die Blattrippen auffressen. Wie man das vermeidet, steht auf Seite 121.

## GEMÜSEGARTEN

### Unbedingt erledigen

**Aussaat:**

- Buschbohnen
- Letzter Satz Stangenbohnen
- Frühlingskohl
- Lückenfüller: Rote Bete, Möhren, Salat, Pflücksalat, Asia-Salate, Lauchzwiebeln, Radieschen, Rübchen

**Ernten:**

- Erbsen und Dicke Bohnen
- Buschbohnen, Stangen- und Feuerbohnen
- Mini-Rote-Bete (Baby-Beets), Baby-Möhren, Radieschen, Lauchzwiebeln
- Knoblauch und Schalotten
- Kartoffeln
- Zucchini
- Brokkoli
- Salat
- Mangold

### Empfehlenswerte Arbeiten

**Letzte Erbsen und Dicke Bohnen ernten.** Pflücken Sie die Pflanzen so lange durch, bis keine Hülsen mehr angesetzt werden. Dann kommt das Grün mitsamt den Kletterhilfen aus Reisig auf den Kompost, die Wurzeln bleiben im Boden. Der Stickstoff, den die Knöllchenbakterien an den Wurzeln gebunden haben, kommt der Folgekultur zugute.

**Knoblauch und Schalotten ernten.** Sobald die Spitzen der Schlotten (so nennt man die Blätter von Zwiebeln, Knoblauch und Schalotten) gelb werden und eintrocknen, können die Zwiebeln aus dem Boden gehoben werden. Lassen Sie sie ein paar Tage auf dem Beet in der Sonne liegen und trocknen, bis das Laub ganz eingetrocknet ist. Wenn Regen angekündigt wurde, kommen die Zwiebeln an einen trockenen Ort, zum Beispiel ins Gewächshaus oder in einen Schuppen. Lagern Sie Knoblauch und Schalotten auf Holzregalen oder in Netzen aufgehängt an einem kühlen, trockenen Platz. Dann halten sie sich bis in den Winter.

**Squashkürbis entblättern.** Damit die Früchte besser reifen, werden Blätter, die sie beschatten, entfernt oder zur Seite gebogen. Da die Pflanzen ungeheuer schnell wachsen, sollten Sie immer wieder einmal nachschauen, ob die Früchte nicht von neuen Trieben wieder bedeckt wurden.

**Gründüngung einsäen.** Ab Ende August leeren sich die Beete im Gemüsegarten langsam und können auch nicht alle wieder neu bepflanzt oder belegt werden. Damit der Boden nicht offen bleibt (und nur von Unkraut besiedelt wird), sollten Sie eine Gründüngung einsäen. Das hat mehrere Vorteile: Noch nicht verbrauchte Nährstoffe werden in den Pflanzen gebunden und nicht ausgewaschen. Der Boden bleibt bedeckt, Unkraut hat weniger Chancen. Und die Wurzeln der Gründüngungspflanzen lockern den Boden zusätzlich. Im kommenden Frühjahr werden die Pflanzen abgeschlegelt (abgehackt) und nach ein paar Tagen untergegraben, so gelangen die Nährstoffe wieder in den Boden und das Pflanzenmaterial erhöht den Humusgehalt. Als Gründüngung eignen sich unter anderem Senf, Bienenfreund, Lupinen, Inkarnatklee und Wicken.

## RASEN

### Unbedingt erledigen

**Regelmäßig mähen.** Damit der Rasen in Topform bleibt, muss er auch im August regelmäßig gepflegt und gemäht werden (siehe Seite 139).

## GARTENTEICH

### Empfehlenswerte Arbeiten

**Pumpenfilter reinigen.** Wenn Sie in Ihrem Teich einen Springbrunnen oder einen Sprudelstein installiert haben, sollten Sie die Pumpe jetzt zur Reinigung einmal hochholen. So bleibt sie lange funktionstüchtig. Wenn Sie einen Teichfilter zur Wasserklärung einsetzen, darf das Filtermaterial nicht mit Leitungswasser ausgespült werden, wenn dieses gechlort ist, da sonst die Bakterien, die das Wasser reinigen, geschädigt werden. Reinigen Sie den Filter am besten in der Regenwassertonne oder in einem Eimer mit Teichwasser.

# Der Garten im August

## MATERIAL

- Blumenerde
- Moorbeeterde (für Enziane, Heidekraut und Azaleen)
- 1 × Buchs in Pyramidenform
- 2 × panaschierter (weiß-grüner) Efeu
- 2 × Winterbeere
- 2 × Herbstenzian
- 1 × Günsel
- 2 × Steinbrech
- 6 × Herbstchrysanthemen

## EINEN HERBSTKASTEN BEPFLANZEN

Wenn sich der Sommer dem Ende zuneigt, wird es Zeit, dem Balkon einen neuen „Look" zu verpassen. Die Pracht der Sommerblumenbepflanzung lässt nach und für den Herbst gibt es viele Pflanzen, die bis in den Winter attraktiv aussehen. Wenn Sie in Ihren Kästen auch eine Dauerbepflanzung haben, werden die Herbstpflanzen einfach dazwischengesetzt.

**1** Nicht nur die Farbe der Bepflanzung, auch die des Kastens kann geändert werden. Kästen aus Holz und Metall lassen sich leicht mit entsprechenden Farben umstreichen. Rauen Sie die alte Farbschicht vorher mit Schmirgelpapier etwas auf, dann hält die neue Farbe besser. Eine kleine Dose reicht, denn der Kasten hat ja keine große Oberfläche.

**2** Nehmen Sie die Sommerbepflanzung vorsichtig aus dem Kasten und ersetzen Sie die alte Erde durch etwas neues Pflanzsubstrat. Pflanzen wie Enzian, die einen leicht sauren Boden bevorzugen, brauchen spezielle Moorbeeterde.

**3** Setzen Sie nun die neuen Pflanzen ein. Die Topfballen werden gut angedrückt, wo nötig, wird noch Erde nachgefüllt, und zum Schluss wird das Ganze gut angegossen.

**4** Vor dem nächsten Gießen sollten Sie die Substratfeuchtigkeit mit dem Finger überprüfen. Je kühler und feuchter das Wetter wird, desto weniger muss gegossen werden. Trotzdem dürfen die Kästen nicht komplett vernachlässigt werden. Und achten Sie auch auf Schädlinge wie Blattläuse, die sich an warmen Tagen einfinden können. Wenn Sie welke Blüten entfernen, bilden sich schneller neue Knospen und der Kasten wirkt insgesamt ordentlicher und schöner.

# DER GARTEN IM SEPTEMBER

**Der herannahende Herbst ist eine wunderbare Zeit im Garten. Langsam kann man damit beginnen, die Beete auf den Winter vorzubereiten, Frühlingsblüher und Blumenzwiebeln zu pflanzen, auch für Rosen und Sträucher beginnt die Pflanzzeit und bei den Wintergemüsen die Ernteperiode.**

# SEPTEMBER
# Arbeiten im Überblick

## ZIERGARTEN

Beete säubern und Einjährige abräumen
Samen sammeln
Sträucher schneiden
Zwiebelblumen kaufen
Stecklinge schneiden
Sträucher pflanzen
Kompost herstellen
Herbst- und Winterkästen bepflanzen
Stauden teilen
Zwiebelblumen verwildern

## GEWÄCHSHAUS

Gewächshaus ausräumen und reinigen
Heizung warten
Stecklinge schneiden
Hyazinthen für Weihnachten antreiben
Kakteen ins Winterquartier räumen

## OBSTGARTEN

Äpfel und Birnen ernten
Herbsthimbeeren ernten
Obstbäume schneiden

## GEMÜSEGARTEN

Kartoffeln ernten
Kürbisse zum Lagern vorbereiten
Zwiebeln trocknen
Süßmais und Bohnen ernten
Blattgemüse für den Frühling pflanzen

## RASEN

Laub rechen und vertikutieren
Lücken nachsäen

## GARTENTEICH

Laubschutznetz aufspannen

# Der Garten im September

## ZIERGARTEN

### Unbedingt erledigen

**Beete aufräumen.** Entfernen Sie absterbende Einjährige und Sommerblumen aus den Beeten, damit sie sich nicht überall versamen, vor allem nicht dort, wo man dies nicht möchte. Abgestorbene Samenstände und Stängel von Stauden können im Beet bleiben, sie sorgen in der kalten Jahreszeit für Struktur im Beet und dienen vielen Nützlingen als Winterquartier. Auch sind die Samen eine willkommene Bereicherung des Speiseplans vieler Gartenvögel. Von Krankheiten befallene Pflanzenteile sollten allerdings entfernt werden, damit sie die Pflanzen im nächsten Jahr nicht neu infizieren.

**Samen sammeln.** Viele Einjährige und Sommerblumen können einfach aus Samen angezogen werden. Lassen Sie ein paar Blüten nach dem Welken stehen und ernten Sie die Samen für das nächste Jahr. Trocken in Papiertüten mit Beschriftung (Name und Datum) halten sie sich kühl gelagert über den Winter. Abgeblühte Sommerblumen können Sie kompostieren und die Lücken in den Beeten mit Zwiebelblumen bepflanzen.

**Sträucher zurückschneiden.** Um zu verhindern, dass lange Triebe und Zweige von Sträuchern bei Herbststürmen abbrechen oder umknicken, sollten sie leicht eingekürzt werden. Das gilt vor allem für Sommerflieder, Kletterrosen und Bechermalven. Kürzen Sie die längsten Triebe um ein Drittel ein. Auch kopflastige Blumen wie Dahlien und Chrysanthemen sind für zusätzliche Stützen dankbar, da sie leicht umfallen.

## NOCH IST ES NICHT ZU SPÄT …

**… für den Schnitt** von Stecklingen von staudigen Kübelpflanzen. Sie lassen sich einfacher überwintern und ergeben im nächsten Jahr schönere Pflanzen (siehe Seite 68).

**Blumenzwiebeln kaufen.** Jetzt ist die Hauptversandzeit von Blumenzwiebelhändlern, und auch in Gärtnereien und Gartencentern ist das Angebot riesig. Kaufen Sie die Zwiebeln jetzt, denn dann bekommen Sie die beste Qualität und keine überlagerten, alten Zwiebeln, die nicht mehr gut anwachsen. Die Zwiebeln sollten sich trocken und fest anfühlen. Es lohnt sich, größere Zwiebeln zu kaufen, auch wenn diese teurer sind, denn sie blühen üppiger. Pflanzen Sie die Zwiebeln so schnell wie möglich ein, nur Tulpenzwiebeln sollten frühestens ab Oktober in die Erde, da sie etwas anfälliger für Krankheiten sind.

# Der Garten im September

## Empfehlenswerte Arbeiten

**Sträucher pflanzen:**

- Am besten wachsen gesunde Pflanzen mit einem kompakten Ballen und mehreren Trieben an.
- Der Standort muss passen. Nicht zu dicht an vorhandene Pflanzen setzen, damit sie nicht um Wasser und Nährstoffe konkurrieren.
- Lösen Sie vor dem Einpflanzen sogenannte Ringwurzeln, also Wurzeln, die im Topf im Kreis gewachsen sind. So wächst der Strauch schneller in die umgebende neue Erde ein.
- Drücken Sie die Erde nach dem Einpflanzen gut an, damit keine Hohlräume am Ballen verbleiben.
- Zum Schluss gut angießen und mit Gartenkompost oder Rindenhumus mulchen. Es ist besser, das Mulchmaterial auf die Erdoberfläche zu geben, als es einzuarbeiten.

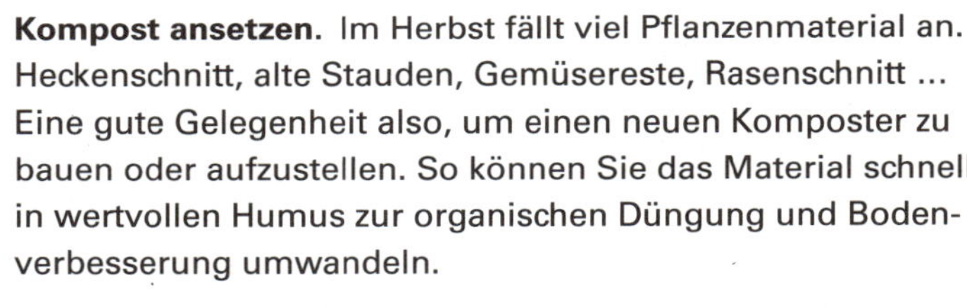

**Kompost ansetzen.** Im Herbst fällt viel Pflanzenmaterial an. Heckenschnitt, alte Stauden, Gemüsereste, Rasenschnitt ... Eine gute Gelegenheit also, um einen neuen Komposter zu bauen oder aufzustellen. So können Sie das Material schnell in wertvollen Humus zur organischen Düngung und Bodenverbesserung umwandeln.

**Herbstkübel bepflanzen.** Wenn der Sommerflor in den Kübeln und Kästen nicht mehr ansehnlich ist, können Sie die Gefäße mit einer Vielzahl an Gräsern, Stauden und Zwergsträuchern neu bepflanzen. Da die Pflanzen in der kühlen Jahreszeit nicht mehr so stark wachsen, sollten Sie größere Exemplare pflanzen und diese auch etwas dichter in die Gefäße einsetzen.

**Stauden teilen.** Viele Prachtstauden verlieren im Laufe der Zeit an Wüchsigkeit und Blühfreudigkeit. Daher sollten Rittersporn, Phlox und andere alle vier bis fünf Jahre ausgegraben und geteilt werden. Die Teile mit kräftigen Vordertrieben werden an einer anderen Stelle im Beet wieder eingepflanzt. Alte, verfilzte Teile sind kaum noch blühwillig und können kompostiert werden. Beachten Sie, dass Pfingstrosen nicht umgepflanzt und geteilt werden sollen, da sie empfindlich auf Wachstumsstörungen reagieren.

**Zwiebelblumen verwildern.** Damit Ihr Rasen im nächsten Frühling von einem bunten Blütenteppich überzogen ist, können Sie jetzt Zwiebelblumen pflanzen. Krokusse eignen sich besonders gut dazu. Der natürlichste Eindruck entsteht, wenn Sie die Zwiebeln oder Knollen einfach breitwürfig auf dem Rasen verteilen und die Zwiebeln dann dort einpflanzen, wo sie hingefallen sind.

**Lavendel zurückschneiden.** Damit die Pflanzen im Winter durch Schnee nicht auseinanderfallen und schön kompakt bleiben, können Sie ihnen einen leichten Schnitt verpassen. Schneiden Sie Lavendel jedoch nie ins alte Holz zurück, da er dann nicht mehr austreibt. Die Triebe sollten nur ein paar Zentimeter eingekürzt werden, sodass die Zweige noch Blätter aufweisen.

# Der Garten im September

## PFLANZENSCHUTZ

**Dickmaulrüssler.** Mitte September ist die beste Zeit, um die Larven des Gefurchten Dickmaulrüsslers, welche die Wurzeln von Kübelpflanzen und Gehölzen anfressen, auf biologische Weise zu bekämpfen. Aus den Eiern, die die Käfer im Sommer gelegt haben, sind nun alle Larven ausgeschlüpft, können aber noch keinen großen Schaden angerichtet haben. Gießen Sie die Pflanzen jetzt mit einem speziellen Nematoden-Präparat. Diese mikroskopisch kleinen Fadenwürmer bohren sich in die Larven und fressen sie. Das Mittel erhalten Sie im Gartenfachhandel und im Internet.

**Blumenampeln und Balkonkästen.** Noch besteht kaum die Gefahr, dass erste Nachtfröste der Sommerblumenpracht den Garaus machen. Daher sollten Sie Ihren Balkon- und Ampelpflanzen weiterhin eine gewisse Pflege zuteilwerden lassen: Regelmäßiges Gießen, Ausputzen und bei Bedarf und warmem Wetter eine leichte Düngergabe sorgen für einen langen Blütenflor bis spät in den Oktober hinein.

**Vorsicht, Igel & Co.** Igel und andere Wildtiere begeben sich nun auf die Suche nach einem Winterquartier. Seien Sie daher besonders vorsichtig beim Umsetzen von Kompost mit Mistgabeln und kontrollieren Sie Reisighaufen vor dem Verbrennen.

**Plattenbeläge und Wege reinigen.** Damit Wege und Platten im Winter nicht glitschig werden, können sie jetzt schon mit einem Hochdruckreiniger von Algen und Moos befreit werden.

# GEWÄCHSHAUS

## Unbedingt erledigen

**Ausräumen und reinigen.** Schon bald wird das Gewächshaus zur Überwinterung frostempfindlicher Topf- und Kübelpflanzen und für die Aussaat im Frühjahr benötigt. Jetzt, wo es fast leer ist, kann es einer Grundreinigung unterzogen werden:

- Räumen Sie die Pflanzen aus den Grundbeeten und alle Tische und Hängeregale aus dem Haus. Dabei können auch gleich abgestorbene Pflanzenteile und allerlei Müll, der sich im Laufe des Jahres angesammelt hat, entsorgt werden. Reinigen Sie die Scheiben der Stehwände und des Daches gründlich von innen und außen, um Staub, Schmutz und Algen abzuwaschen. Durch klare Scheiben gelangt im Winter mehr Licht ins Haus, dadurch kann man auch in den Ritzen versteckt sitzende Schädlinge besser erkennen und entfernen. Algen lassen sich aus den Fugen zwischen Rahmen und Glas am einfachsten mit einer alten Kredit- oder Plastikkarte schaben, ohne dass das Glas zerkratzt wird.
- Kontrollieren Sie vor dem Einräumen alle Pflanzen auf Schädlinge und entfernen Sie kranke, welke und beschädigte Blätter und Triebe. Stellen Sie die Pflanzen nicht zu dicht, damit die Luft zwischen ihnen zirkulieren kann. Das verhindert ein schnelles Ausbreiten von Pilzkrankheiten wie Mehltau und Grauschimmel.
- Warten und überprüfen Sie die Heizung. Wenn sie repariert werden muss, ist bis zum ersten Frost noch genug Zeit.

# Der Garten im September

**Stecklinge schneiden.** Statt empfindliche Stauden oder krautige Kübelpflanzen wie Geranien (Pelargonien) und Fuchsien zu überwintern, können Sie jetzt auch von den alten Pflanzen Stecklinge schneiden und diese für die nächste Saison bewurzeln. Sobald sich die kleinen Pflanzen bewurzelt haben, können die alten, sparrigen Mutterpflanzen kompostiert werden.

## Empfehlenswerte Arbeiten

**Hyazinthen antreiben.** Die Zwiebeln von Hyazinthen werden speziell präpariert, damit sie pünktlich zu Weihnachten blühen. Pflanzen Sie die präparierten Zwiebeln jetzt in kleine Töpfchen und stellen Sie sie kühl und dunkel auf, zum Beispiel in einem Schuppen oder der Garage. Nach etwa acht Wochen zeigt sich der Blütentrieb. Dann müssen die Pflanzen an einen hellen, aber kühlen Platz umgestellt werden. Wenn Sie sie vorher schon ans Licht stellen, wachsen die Blätter zu schnell und bedecken den Blütenstand. Nach zwei Wochen können Sie sie in die Wohnung holen und dort aufstellen, wo man die Blüten und den Duft am besten genießen kann.

**Tomaten und Gurken entspitzen.** Wenn nicht schon Ende August geschehen, müssen Gurken und Tomaten nun entspitzt werden, damit sie nicht weiterwachsen. Die jetzt noch angesetzten Blüten und Früchte würden ohnehin nicht mehr reif werden. Entfernen Sie auch gleich die unteren alten Blätter, damit die Luft besser zirkulieren kann und Pilzkrankheiten vermieden werden.

**Ruhezeit für Kakteen und Sukkulenten.** Kakteen und Sukkulenten dürfen jetzt nicht mehr gegossen werden, da sie eine Winterruhe durchmachen. Erst im Frühjahr wird wieder mit dem Gießen begonnen, dann wachsen sie auch wieder.

# OBSTGARTEN

## Unbedingt erledigen

**Ernten.** Ab September werden Äpfel und Birnen geerntet, der genaue Zeitpunkt ist von der Sorte und natürlich der Witterung abhängig. Ein Apfel ist reif, sobald er sich leicht löst, wenn man ihn am Zweig anhebt und dreht, dann kann geerntet werden. Früchte, die sich nicht leicht pflücken lassen, bleiben noch ein paar Tage am Baum, bis sie reif sind. Äpfel und Birnen, die man nicht gleich verbrauchen kann, können kühl und dunkel eingelagert werden. Am besten füllen Sie sie in handlichen Mengen in durchlöcherte Plastiksäcke, dann halten sie länger und werden nicht so schnell schrumpelig.

**Herbsthimbeeren ernten.** Spätfruchtende Himbeersorten wie 'Autumn Bliss' tragen jetzt die meisten Früchte. Frieren Sie überschüssiges Erntegut ein oder verarbeiten Sie es zu Marmelade. Die alten Ruten werden erst im Spätwinter zurückgeschnitten.

## Empfehlenswerte Arbeiten

**Obstbaumschnitt.** Damit sich Krankheiten von befallenen Ästen und Trieben nicht über den Winter auf den ganzen Baum ausbreiten, werden alle abgestorbenen, kranken und beschädigten Äste jetzt ausgeschnitten. Von über Kreuz wachsenden Trieben, die aneinanderscheuern, wird der jeweils schwächere entfernt. Bei den meisten Obstbäumen wird dann der Zuwachs des letzten Jahres um ein Viertel eingekürzt, damit sich an den Langtrieben in den Blattachseln neue Fruchttriebe (Fruchtspieße) bilden.

### PFLANZENSCHUTZ

**Birnengitterrost.** Diese Pilzkrankheit erkennen Sie an leuchtend orange-gelben Ringen mit dunkler Mitte auf den Blättern. Entfernen Sie Falllaub und alle Wacholderpflanzen in der Nähe. Der Pilz nutzt dieses Nadelgehölz zur Überwinterung und befällt von dort aus im Frühjahr wieder die Birnbäume.

# Der Garten im September

## GEMÜSEGARTEN

### PFLANZENSCHUTZ

**Insekten** sind kein großes Problem mehr, da das Wetter immer kühler wird. Nur überwinternde Kohlpflanzen sind noch gefährdet.

**Tauben.** Damit Kohlpflanzen nicht kahl gefressen werden, müssen sie mit Netzen geschützt werden. Diese sollten nicht auf den Blättern aufliegen, da die Tauben sonst die Blätter durch die Maschen anpicken können. Das Netz muss gut verankert und straff gespannt sein, damit sich keine Tiere in ihm verheddern können.

**Kaninchen.** Um Wurzelgemüse und andere Pflanzen vor Kaninchen zu schützen, können die Beete mit Maschendraht eingezäunt werden. Dieser muss am unteren Ende mindestens 30 cm tief in den Boden eingegraben werden, damit sich die Kaninchen nicht unten durchgraben. Täglich kontrollieren!

### Unbedingt erledigen

**Aussaat:**
- Wintersalat
- Asia-Salate
- Gründüngung

**Pflanzen:**
- Frühlingskohl
- Steckzwiebeln

**Ernten:**
- Süßmais
- Kartoffeln
- Möhren und Rote Bete
- Tomaten und Gurken
- Busch- und Stangenbohnen
- Die letzten Zucchini
- Zwiebeln und Schalotten
- Lückenfüller

### Empfehlenswerte Arbeiten

**Kartoffeln ernten.** Die Knollen der mittelspäten Kartoffeln stehen nun zur Haupternte an. Die Kartoffeln werden bei trockenem Wetter aus der Erde gehoben (dann lassen sie sich besser und länger lagern). Nach ein paar Stunden zum Abtrocknen können sie eingelagert werden. Bürsten Sie Erdreste grob ab, beschädigte und kranke Knollen werden gleich aussortiert. Nicht waschen, sonst faulen die Kartoffeln im Lager.

## FÜNF-MINUTEN-PROJEKT

**Rosenkohl entspitzen.** Wenn Sie die oberen Spitzen der Rosenkohlpflanzen abschneiden, reifen die kleinen Röschen darunter gleichmäßiger. Die Spitzen können Sie wie Blatt- oder Kopfkohl zubereiten.

**Hohe Gemüse stützen.** Damit kopflastige Gemüse wie Grünkohl und Rosenkohl nicht umkippen, werden sie an einen Stab oder Pflock gebunden.

**Kürbisse ernten.** Damit sich Kürbisse besser im Lager halten, werden sie nicht am Fruchtstiel abgeschnitten, sondern der Trieb ober- und unterhalb des Stiels gekappt. Lassen Sie die Früchte ein paar Tage nach der Ernte noch in der Sonne nachreifen, dann wird die Schale härter. Anschließend an einem trockenen, gut belüfteten und kühlen Platz lagern.

# Der Garten im September

**Zwiebeln trocknen.** Sobald das Laub von Zwiebeln und Schalotten gelb wird und eintrocknet, können sie aus dem Boden gehoben werden. Knicken Sie nie die Blätter ab, um das Eintrocknen zu beschleunigen, denn das kann zu Fäulnis in den Zwiebeln führen. Wenn das Wetter trocken ist, können die Zwiebeln in der Sonne auf dem Beet abtrocknen, bei Regen werden sie in einem Schuppen oder einer Garage zum Trocknen ausgelegt. Kühl, trocken und dunkel gelagert halten sie sich dann bis ins nächste Frühjahr. Beschädigte Zwiebeln und solche, die schon einen Blütentrieb bilden („schießen"), zuerst verbrauchen und nicht einlagern.

**Steckzwiebeln pflanzen.** Die mittelspäte Überwinterungszwiebel 'Senshyu Yellow' kann jetzt gesteckt werden und wird dann im Frühsommer des nächsten Jahres geerntet.

**Süßmais ernten.** Ab Mitte August sind die Kolben des Süßmaises erntereif. Wenn die Fäden an der Spitze braun werden und eintrocknen, können Sie die Hüllblätter zur Seite schälen und an einem Korn mit dem Fingernagel prüfen, wie reif der Mais ist. Geerntet wird, wenn die Körner eine weiche, milchige Flüssigkeit enthalten.

## NOCH IST ES NICHT ZU SPÄT …

**… für die Aussaat von Gründüngung** – siehe Seite 151. So bleibt der Boden in den Beeten bedeckt und nicht verbrauchte Nährstoffe werden nicht ausgewaschen.

**Stangen- und Feuerbohnen abernten.** Sie wachsen noch immer und können so lange durchgepflückt werden, bis sie keine Früchte mehr ansetzen. Bei Trockenheit durchdringend gießen, am besten einmal pro Woche. Auch späte Sätze von Buschbohnen tragen noch Früchte.

**Wintersalate.** Es ist (fast) nie zu spät für die Aussaat eines Satzes Salat. Es gibt eine ganze Anzahl winterharter Salatsorten, besonders bei den Asia-Salaten – wie Mizuna, Senf, Pak Choi –, aber auch Tellerkraut und Endivien sind empfehlenswert. Zur Direktsaat wird das Saatbeet wie auf Seite 60 f. beschrieben vorbereitet und am Tag vor dem Säen gewässert. Schützen Sie die Sämlinge durch einen Schneckenzaun oder das prophylaktische Ausstreuen von Schneckenkorn vor Schneckenfraß. Alternativ können Sie die Jungpflanzen in Saatschalen vorziehen und nach drei bis vier Wochen auspflanzen. Wenn die Nächte frostig werden, schützt eine Abdeckung mit Vlies die Pflanzen vor Kälteschäden.

**Frühlingsgemüse.** Pflanzen Sie Frühlingskohl und andere Frühgemüse, die Sie letzten Monat angezogen haben oder jetzt als Jungpflanzen kaufen können. Der Reihenabstand beträgt etwa 30 cm, der Pflanzenabstand in der Reihe 15 cm. So können Sie im Frühling jede zweite Pflanze als Blattkohl ernten, die übrigen bleiben länger stehen, bis sie Köpfe ausgebildet haben. Eine Abdeckung mit Netzen schützt die Pflanzen vor Vögeln, besonders Tauben.

# Der Garten im September

## RASEN

### Unbedingt erledigen

**Vorbereitungen für den Winter.** Der September ist der Monat, in dem der Rasen auf die kommende kalte Jahreszeit vorbereitet werden muss. Damit Ihr Rasen optimal für den Winter gewappnet ist, sollten Sie folgende Punkte beachten:

**Vertikutieren.** Im Laufe des Jahres haben sich Grasschnitt, Laub und anderes organisches Material in der Grasnarbe angesammelt. Damit diese dichte Schicht im Winter bei Dauernässe nicht fault, können Sie die verfilzte Grasnarbe mit einem Rechen oder speziellen Vertikutierer aufreißen und lockern. Bei größeren Flächen kann es sinnvoll sein, sich im Gartencenter einen elektrischen Vertikutierer auszuleihen.

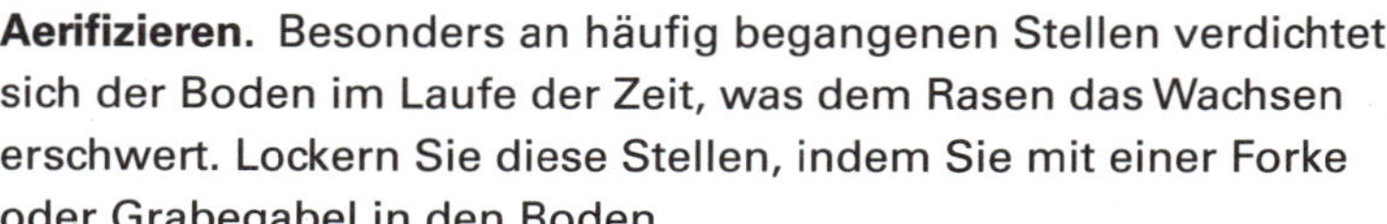

**Aerifizieren.** Besonders an häufig begangenen Stellen verdichtet sich der Boden im Laufe der Zeit, was dem Rasen das Wachsen erschwert. Lockern Sie diese Stellen, indem Sie mit einer Forke oder Grabegabel in den Boden stechen und die Grassoden leicht anheben (nicht ausgraben!).

**Lücken reparieren.** Kahle Stellen im Rasen werden aufgeharkt und mit einer Mischung aus Rasensamen und Sand bestreut. Da das Wetter noch mild, aber nicht mehr so trocken ist, keimt das Gras schnell und bildet bis zum Winter eine geschlossene Narbe. Bei dieser Gelegenheit können auch die Rasenkanten glatt gestochen und Gräser, die in die Beete gewachsen sind, entfernt werden.

**Bodenverbesserung.** Streuen Sie eine Mischung aus sechs Teilen Quarzsand, drei Teilen gesiebter Erde und einem Teil feinem Gartenkompost breitwürfig auf den Rasen, etwa ein Kilogramm pro Quadratmeter. Anschließend leicht einharken, damit Sand, Erde und Kompost direkt an die Grasnarbe gelangen.

**Düngen und sanden.** Eine kalibetonte Abschlussdüngung macht den Rasen frostfester, und eine Besandung verhindert die Bildung von Moos, da der Sand in der Grasnarbe schneller abtrocknet. Geben Sie keinen Stickstoffdünger mehr, dadurch wird der Rasen nur zu einem unnötigen Triebwachstum angeregt.

## GARTENTEICH

### Unbedingt erledigen

**Laubschutznetz aufspannen.** Verrottendes Pflanzenmaterial im Teich ist eine Hauptnährstoffquelle für Algen. Damit im Herbst nicht zu viel Laub von umstehenden Bäumen und Sträuchern in den Teich gelangt, kann die Oberfläche zeitweise mit einem Netz überspannt werden, damit keine Blätter ins Wasser fallen.

# Der Garten im September

## MATERIAL

- Spaten oder Grabegabel
- Harke/Rechen
- Organischer Volldünger
- Stäbe oder Bambusstangen
- Rollrasen oder Rasensaatgut
- Brett
- Scharfes Messer

## ANLAGE EINER RASENFLÄCHE

Der September ist eine gute Zeit, um eine neue Rasenfläche anzulegen. Es gibt dafür zwei Methoden: Die Aussaat (verlangt etwas Geduld, bis man den Rasen nutzen kann) und das Verlegen von Rollrasen (teurer, aber schon nach zwei Wochen ist der Rasen voll belastbar).

### Bodenvorbereitung

Egal, ob Sie säen oder Rollrasen verlegen möchten, die Bodenvorbereitung ist dieselbe. Je sorgfältiger sie erfolgt, desto besser wächst der Rasen an, die Mühe lohnt sich also.

1 Graben Sie die Fläche grob um. Dabei werden Pflanzen- und Wurzelreste sowie gröbere Steine entfernt. Achten Sie besonders auf Wurzelunkräuter wie Ackerwinde, Löwenzahn und Quecke, die sorgfältig aus dem Boden geklaubt werden sollten.

2 Harken Sie nun die Oberfläche so lange, bis alle groben Erdklumpen zerfallen sind und eine gleichmäßige, feinkrümelige Oberfläche entsteht. Gehen Sie über die Fläche, damit keine weichen Stellen übrig bleiben, die später einsinken und Dellen im Rasen verursachen.

3 Streuen Sie als Starthilfe einen organischen Volldünger auf die Fläche – 35 g/m² reichen aus. Wenn Sie die Fläche mit langen Stangen in 1-m²-Flächen einteilen, erreichen Sie eine optimale Verteilung.

## ROLLRASEN

Rollrasen kann nicht länger als einen Tag gelagert werden, er muss daher sofort nach der Lieferung ausgelegt werden. Die Rollen sind 40 cm breit und 2,50 m lang und haben eine Fläche von je 1 m². Sie sollten mittelgrün sein, keine gelben Stellen aufweisen und dürfen nicht muffig riechen. Und bestellen Sie immer 2 m² mehr als nötig, damit Sie eventuelle Lücken schließen können.

## Rollrasen verlegen

1 Legen Sie die erste Bahn an einer Kante der Fläche aus. Anschließend werden die anderen Bahnen versetzt wie ein Puzzle aneinandergelegt. Es dürfen keine Lücken oder Fugen entstehen, da sich diese nur schlecht schließen. Offene Fugen immer mit einem Sand-Erde-Gemisch füllen und antreten.

2 Mit einem scharfen Messer werden überstehende Bereiche abgeschnitten. Die Rasenoberfläche sollte leicht über Wegplatten und Kanteneinfassungen ragen, damit Sie beim Mähen leichter über die ganze Fläche fahren können, ohne die Messer zu beschädigen.

3 Mit einem Rasenkantenstecher können Sie die Kanten an einem ausgelegten Brett entlang sauber abstechen.

## Rasen säen

1 Legen Sie Stäbe im Abstand von 1×1 m auf der Fläche aus. Wenn Sie von Hand säen, ist so die gleichmäßige Saatgutverteilung am einfachsten möglich. Säen Sie die eine Hälfte der Samen in eine Richtung, und die andere von der anderen Seite.

2 Alternativ können Sie (ohne Stäbe) die Samen mit einem Streuwagen verteilen, mit dem Sie die Fläche auf- und abfahren. Gehen Sie dabei gleichmäßig schnell, da sonst die Samenverteilung unregelmäßig wird.

3 Entfernen Sie die Stäbe und harken Sie den Samen leicht ein. Anschließend durchdringend wässern. Kleine Flächen mit einem Netz abdecken, damit Vögel die Samen nicht aufpicken.

# DER GARTEN IM OKTOBER

**Auch wenn sich das Gartenjahr langsam dem Ende zuneigt, gibt es doch noch eine Menge zu tun. Laub kann zusammengeharkt werden, es ist Pflanzzeit für Gehölze, Stauden und Rosen, Frostschutzmaterial kann vorbereitet und Äpfel können eingelagert werden.**

& Morgan
FLOWER

# OKTOBER
# Arbeiten im Überblick

## ZIERGARTEN

Kübelpflanzen einräumen
Empfindliche Pflanzen schützen
Laub sammeln
Laub kompostieren
Wildtieren helfen
Kübel und Container auf Füßchen stellen
Beetpflanzen kaufen
Blumenzwiebeln pflanzen
Baum oder Strauch pflanzen
Mulchen
Wege mit Rindenhäcksel bestreuen

## GEWÄCHSHAUS

Schattiernetze entfernen
Noppenfolie anbringen
Blumenzwiebeln antreiben
Wintergemüse pflanzen

## OBSTGARTEN

Äpfel einlagern

## GEMÜSEGARTEN

Salat und Asia-Salate säen
Boden verbessern
Mangold, Herbstblumenkohl, Kopfkohl und Wurzelgemüse ernten
Steckzwiebeln und Knoblauch pflanzen
Kürbis ernten

## RASEN

Harken, vertikutieren und sanden
Lücken ausbessern

## GARTENTEICH

Laubschutznetz anbringen/kontrollieren
Abgestorbene Pflanzenteile entfernen

# Der Garten im Oktober

## ZIERGARTEN

### Unbedingt erledigen

**Kübelpflanzen einräumen.** Alle kälte- und frostempfindlichen Zimmer- und Kübelpflanzen, die den Sommer im Garten oder auf der Terrasse verbracht haben, müssen jetzt zurück ins Haus oder ins Gewächshaus geräumt werden. Pflanzen, die ihre Blätter behalten, wie Geranien (Pelargonien), brauchen auch im Winter Licht und müssen entsprechend hell stehen. Laubabwerfende Ziersträucher wie Fuchsien und Trompetenblumen sowie Stauden, die ihre Blätter einziehen, wie Canna, können dunkel überwintert werden – eine frostfreie Garage oder ein Keller sind ideal. Um Platz zu sparen, können Sie auch jetzt noch Stecklinge schneiden und die sperrigen Mutterpflanzen auf den Kompost geben.

**Empfindliche Pflanzen schützen.** Nicht alle Pflanzen können im Haus überwintert werden. Deshalb bekommen ausgepflanzte Hanfpalmen oder Japanische Faserbananen eine dicke Mulchschicht aus Laub und Rindenhumus und werden mit Vlies überspannt. Beim Mammutblatt werden die Blätter abgeschnitten und die Pflanze mit einer dicken Laubschicht bedeckt. Damit das Laub nicht davongeweht wird, können Sie es mit den alten Blättern abdecken. Besonders empfindliche Pflanzen werden in Stroh oder Laub gepackt und mit einem mehrlagigen Vlies abgedeckt. Kontrollieren Sie den Winterschutz nach windigen Tagen, ob er sich nicht gelockert hat.

### NOCH IST ES NICHT ZU SPÄT ...

**... für den Rückschnitt** von Stauden (siehe Seite 159).

**... für einen letzten Heckenschnitt** (siehe Seite 131).

**... um Stauden zu teilen** (siehe Seite 161).

**Laub sammeln.** Laub ergibt einen wertvollen Humus und sollte nicht weggeworfen werden. Sammeln Sie es von Wegen, dem Sitzplatz und der Rasenfläche ab. So verhindern Sie auch, dass die Wege bei Nässe rutschig werden und der Rasen unter der Laubschicht schimmelig und gelb wird. Unter Gehölzen und in Staudenbeeten ist eine Laubschicht kein Problem, im Gegenteil: Sie schützt den Boden und die Pflanzen und verrottet zu wertvollem Humus.

**Laubhumus erzeugen.** Mit einer einfachen Methode können Sie diesen wunderbaren Bodenverbesserer selbst herstellen: Füllen Sie gesammeltes Laub in große Kunststoffsäcke, in die dann mit einem Messer oder Schraubendreher Löcher gestochen werden. Nach etwa 18 Monaten ist das Laub zu einem feinen Humus verrottet. Wenn Sie mit dem Rasenmäher über Falllaub auf dem Rasen fahren, werden die Blätter zerkleinert und im Auffangbehälter gesammelt, deshalb verrotten sie dann auch schneller – sie brauchen nur 12 Monate.

# Der Garten im Oktober

**Laub kompostieren.** Statt Herbstlaub in Kunststoffsäcken zu sammeln, können Sie auch einen einfachen Komposter bauen, in dem das Laub genauso schnell verrottet.

- Schlagen Sie vier etwa 1,2–1,5 m lange Holzpfosten an den Ecken eines Quadrats mit einem Meter Kantenlänge in den Boden.
- Stellen Sie einen Streifen Maschendraht um die Pflöcke und befestigen Sie ihn mit Draht oder Tacker-Klammern.
- Füllen Sie das Laub in den Behälter. Die Blätter von laubabwerfenden Pflanzen verrotten schneller als die von immergrünen. Nach etwa 18 Monaten ist das Laub zu feinem Humus verrottet.

**Wildtieren helfen.** Viele Wildtiere brauchen im Winter ein schützendes Quartier. Schichten Sie in einer ruhigen Gartenecke Holz auf, auch ein einfacher Laub- und Reisighaufen wird gerne von Igeln und Spitzmäusen angenommen. Wenn Sie Reisig verbrennen möchten (sofern das in Ihrer Gemeinde erlaubt ist), muss der Haufen vor dem Anzünden kontrolliert werden, damit keine Igel oder andere Tiere zu Schaden kommen.

## FÜNF-MINUTEN-PROJEKT

**Container und Kübel auf Füße stellen.** Im Winter kann es in Pflanzgefäßen leicht zu Staunässe kommen. Daher ist es sinnvoll, die Töpfe auf kleine Keile oder Füße zu stellen, damit überschüssige Feuchtigkeit abfließen kann und die Abzugslöcher nicht zufrieren.

## Empfehlenswerte Arbeiten

**Vögel füttern.** Damit die Vogelfutterstellen und -häuschen nicht zu einer Krankheitsquelle werden, müssen sie regelmäßig gesäubert und desinfiziert werden: Entfernen Sie alle 14 Tage altes Futter und Kotreste. Die Vögel lernen schnell, wo sich die Futterstellen befinden, und kommen immer wieder. Daher sollte das Futter nie ausgehen: regelmäßig nachfüllen.

**Zwiebelblumen pflanzen.** Denken Sie jetzt schon an das kommende Frühjahr und pflanzen Sie neue Blumenzwiebeln. Lilien werden idealerweise im September und Oktober gepflanzt, und auch für viele Frühlingsblüher ist es noch nicht zu spät. Warten Sie mit Tulpen besser bis November. Jetzt gibt es auch Sonderangebote im Gartencenter, aber achten Sie auf die Qualität. Falsch gelagerte Zwiebeln treiben gar nicht oder nur schlecht aus und blühen nicht.

**Beetpflanzen.** Damit Ihre Blumenbeete auch im Winter etwas Farbe zeigen, können Sie jetzt Stiefmütterchen, Hornveilchen oder Vergissmeinnicht pflanzen. Besonders bei den Hornveilchen gibt es viele neue Sorten, die mit ihren eleganten Blüten viel natürlicher und attraktiver aussehen als Stiefmütterchen. Setzen Sie die Pflanzen so schnell wie möglich ins Beet, damit sie nicht durch zu langes Lagern leiden.

# Der Garten im Oktober

**Kletterpflanzen und Gehölze pflanzen.** Der Herbst ist die ideale Pflanzzeit für viele Gehölze, Kletterpflanzen und Rosen. Der Boden ist noch warm, die Pflanzen bilden bis zur Winterruhe noch neue Wurzeln und starten im kommenden Frühjahr durch. Auch besteht im Herbst selten die Gefahr längerer Trockenperioden, die für frisch gesetzte Pflanzen Stress bedeuten. Der Wurzelballen sollte genauso tief im Boden sitzen, wie er im Topf war, bei Rosen sollte die Veredelungsstelle (die Verdickung zwischen Wurzeln und den Trieben) etwa 5 cm tief unter der Erdoberfläche liegen. Höhere Bäume brauchen einen Pflock als Stütze, damit sie bei Wind nicht hin und her wackeln und die Wurzeln gelöst werden. Kontrollieren Sie die Anbindung regelmäßig, sodass der Strick nicht in die Rinde einwächst. Zum Schluss wird die Baumscheibe (der Bereich um den Stamm über dem Ballen) mit Mulch abgedeckt, damit die Erde länger feucht bleibt.

- Eine gute Rankhilfe für Kletter- und Schlingpflanzen sind waagrecht an einer Wand oder Mauer gespannte Drähte (Abstand 30 cm). Lassen Sie einen Abstand von 5 cm zwischen Draht und Untergrund, um zu verhindern, dass die Pflanzentriebe an der Wand scheuern.
- Der Boden direkt an einer Mauer oder Hauswand kann sehr trocken sein, weil durch den Dachüberstand nur wenig Wasser an den Mauerfuß gelangt und die Erdauflage durch das Fundament dünner ist. Setzen Sie die Pflanze daher im Abstand von etwa 50 cm von der Mauer/Wand ein und leiten Sie die Triebe zu den Spanndrähten.
- Die Triebe lassen sich mit Bindfaden am Draht befestigen, bis sie sich von alleine festhalten.
- Zum Schluss gut angießen und mulchen. Bis die Pflanze angewachsen und etabliert ist, immer wieder gießen und nicht austrocknen lassen.

**Mulchen.** Im Herbst und Frühjahr sollten unbepflanzte Beetflächen mit Rindenhumus oder Kompost bedeckt werden. So trocknet die Erde nicht aus, Unkraut wird unterdrückt und der Humusgehalt wird verbessert. Die Mulchschicht sollte etwa 5 cm dick sein.

**Boviste und andere Pilze.** Herbstzeit ist Pilzzeit. An vielen Stellen im Garten, in den Beeten und im Rasen erscheinen die Fruchtkörper der sonst im Boden lebenden Pilze. Nur der auf Holz lebende Hallimasch, der auch lebende Pflanzen besiedelt, und Hexenringe im Rasen sind problematisch. Vom Hallimasch befallene Gehölze sind selten zu retten und werden daher am besten ausgegraben und entsorgt. Gegen Hexenringe helfen die Lockerung des Bodens, Vertikutieren, Sanden und Düngen.

**Wege mit Rindenhäckseln mulchen.** Füllen Sie frische Rindenhäcksel auf ausgetretene Wege im Garten.

**Blüten ausputzen.** Manche Stauden hören einfach nicht auf zu blühen. Entfernen Sie daher auch jetzt noch alle welken Blüten, damit Sie sich bei Dauerblühern wie Inkalilien so lange wie möglich an der Blütenpracht erfreuen können.

# Der Garten im Oktober

## GEWÄCHSHAUS

**Schattierung entfernen.** Damit wieder mehr Licht ins Gewächshaus gelangt, werden im Frühjahr angebrachte Schattiernetze entfernt. Auch Reste der weißen Schattierfarbe werden nun abgewaschen.

**Noppenfolie anbringen.** Teilen Sie das Gewächshaus in mehrere Bereiche, damit nicht das ganze Haus gleich warm geheizt werden muss. Dazu werden Trennwände aus Holzrahmen mit Noppenfolie betackert. Außen an der Rahmenkonstruktion kann mit Spezialklammern aus dem Gartencenter ebenfalls eine zusätzliche Lage Noppenfolie als Isolierung angebracht werden, die die Heizkosten beträchtlich senkt.

**Duftwicken säen.** Damit Sie im kommenden Jahr so früh wie möglich in den Genuss dieser zauberhaften Blüten kommen, können Sie Ende Oktober einen ersten Satz aussäen, der dann ab März/April ausgepflanzt wird und ab Juni blüht. Es ist nicht notwendig, die Samen vorzuquellen, da sie ohnehin den Winter in einem Kalten Kasten oder frostfrei im Frühbeet überwintern und genug Zeit für die Entwicklung bleibt.

## Empfehlenswerte Arbeiten

**Zwiebelblumen antreiben.** Hyazinthen, die auf der Fensterbank für Weihnachten angetrieben werden, kennt jeder. Aber auch viele andere Zwiebelblumen können mit demselben Verfahren zu einer vorzeitigen Blüte gebracht werden – wenn auch nicht immer rechtzeitig und punktgenau zu den Feiertagen. Besonders gut sind dazu folgende Arten geeignet:

- Krokus 'Snow Bunting'
- Kaphyazinthe
- Kleine Traubenhyazinthe 'Album'
- Narzisse 'Sir Winston Churchill'
- Narzisse 'Tête-à-Tête'
- Blaustern
- Tulpe 'Peach Blossom'

**Wintergemüse pflanzen.** Wenn Sie im Gewächshaus oder im Frühbeet noch Platz haben, können Sie für eine Ernte im Spätwinter oder Frühling Salate, Möhren und Asia-Salate pflanzen oder säen.

# OBSTGARTEN

## Unbedingt erledigen

**Äpfel ernten und einlagern.** Früchte, die keine äußerlichen Anzeichen von Krankheiten und Schädlingen aufweisen, können für den späteren Verbrauch an einem kühlen, dunklen Ort gelagert werden. Beschädigte Früchte werden gleich verzehrt oder als Mus eingekocht.

# Der Garten im Oktober

## PFLANZENSCHUTZ

**Mehltau an Kohl:** Entfernen Sie alle gelblichen Blätter und solche mit einem grauweißen Belag. Damit sich die Krankheit nicht weiter ausbreitet, sollten befallene Pflanzenteile in den Hausmüll gegeben werden und nicht auf den Kompost.

## GEMÜSEGARTEN

### Unbedingt erledigen

**Aussaat:**

- Wintersalat und Asia-Salate

**Pflanzen:**

- Herbststeckzwiebeln
- Knoblauch (in milden Regionen)

**Ernten:**

- Herbstkohl und Herbstblumenkohl
- Rote Bete, Möhren, Pastinaken, Rüben
- Lauch
- Mangold
- Letzte Stangenbohnen
- Kürbis
- Erster Grünkohl, Rosenkohl und Sprossenbrokkoli

**Boden verbessern.** Wenn Sie nicht vorhaben, den ganzen Gemüsegarten mit Winterkulturen und/oder Gründüngung einzusäen, bleiben manche Beete bis zum nächsten Frühling unbedeckt. Nutzen Sie die Chance, schwere Böden zu verbessern, indem Sie tief umgraben und die Schollen den Winter über offen liegen lassen. So kann der Frost tief in den Boden eindringen und verfestigte Lehmklumpen aufbrechen. Im nächsten Frühjahr wird die Erde dann feinkrümeliger sein. Eine Alternative ist die Aussaat von Gründüngungspflanzen wie Bienenfreund oder Senf (siehe Seite 151).

## Empfehlenswerte Arbeiten

**Herbst- und Wintergemüse pflanzen.** Auch wenn es für eine Direktsaat ins Beet zu spät ist, können immer noch Jungpflanzen gesetzt werden. Mizuna und Rucola (Rauke) sind besonders robust und unempfindlich gegen Kälte. Vorgezogene Jungpflanzen können direkt ins Beet oder in Frühbeetkästen gepflanzt werden. Aufgrund der kühleren Witterung ist auch die Gefahr durch Schnecken begrenzt. Wenn Nachtfrost angekündigt ist, schützt eine Vliesabdeckung die Jungpflanzen vor Kälteschäden.

**Mangold ernten.** Stiel- und Blattmangold können geerntet werden. Beide Gemüse sind frosthart und können den ganzen Winter auf dem Beet bleiben. Im Frühling bilden sie dann noch einmal zarte frische Blätter, bevor sie schießen und zu blühen beginnen.

**Kopfkohl und Blumenkohl.** Ernten Sie Blumenkohl, wenn die Köpfe eine gute Größe erreicht haben, aber noch fest sind. Herbstkohl schmeckt am besten, wenn er vor dem ersten Frost geerntet wurde, Winterkohl wie Wirsing kann den ganzen Winter auf dem Beet bleiben, bis man ihn in der Küche braucht.

**Grünkohl.** Sorten wie 'Lerchenzungen' und 'Halbhoher Grüner Krauser' sind sehr frosthart und können den ganzen Winter nach und nach abgeerntet werden.

**Wurzel- und Zwiebelgemüse.** Ernten Sie Möhren, Pastinaken, Rüben und Lauch nach Bedarf. Sie können auf dem Beet bleiben, eine dicke Lage Stroh schützt vor starkem Frost.

# Der Garten im Oktober

**Rosenkohl und Sprossenbrokkoli** können ab Oktober bis in den Frühling geerntet werden, je nach Sorte.

**Herbststeckzwiebeln.** Wenn nicht schon geschehen, können Steckzwiebeln auch jetzt noch gepflanzt werden, solange der Boden nicht zu kalt ist. Damit die Zwiebelchen beim Stecken nicht verletzt werden, ist es ratsam, das Pflanzbeet feinkrümelig vorzubereiten und zum Pflanzen einen Dibber oder eine Schaufel zu verwenden und die Zwiebeln nicht einfach so in die Erde zu drücken.

**Knoblauch pflanzen.** Wenn Sie jetzt schon Knoblauch pflanzen, können Sie nächstes Jahr viel früher ernten. Da die Zehen eine Kälteperiode brauchen, um dicke Knollen zu bilden, können sie bei frostfreiem Wetter bis in den Februar in den Boden gebracht werden. Bestellen Sie Pflanzzehen jetzt, solange die Sortenauswahl noch groß ist.

**Kürbis ernten.** Langsam stirbt das Laub der Kürbisse ab, und die Früchte können vor dem ersten Frost geerntet werden. Wenn es kalt und nass ist, sollten sie auf einer warmen, sonnigen Fensterbank oder im Gewächshaus noch eine Weile nachreifen, damit sie eine harte Schale bilden und sich länger lagern lassen. Bis auf Butternut- und Muskatkürbisse halten sie sich nicht lange im Lager, daher sollte man sie bis Anfang/Mitte November verbrauchen.

## FÜNF-MINUTEN-PROJEKT

**Spargel zurückschneiden.** Sobald die fedrigen Halme des Spargels gelb werden und eintrocknen, können sie knapp über dem Boden abgeschnitten werden. Dabei wird das Beet auch gleich von Unkraut befreit, denn Spargel mag keine Konkurrenz.

**Kulturschutznetze kontrollieren.** Damit sich Tauben nicht an Ihrem Kohl gütlich tun, müssen die Schutznetze regelmäßig kontrolliert werden.

## RASEN

### Unbedingt erledigen

**Regelmäßige Pflege** ist der Schlüssel zum Erfolg, wenn Sie einen dauerhaft schönen Rasen haben möchten. Wenn Sie für die Herbstpflege (siehe Seite 171) im September keine Zeit hatten, ist es bis Anfang Oktober noch nicht zu spät dafür.

## GARTENTEICH

### Unbedingt erledigen

**Abgestorbene Pflanzenteile entfernen.** Damit sich im Teich nicht zu viel organisches Material ansammelt, was im Frühling zu einer Algenblüte führen würde, werden abgestorbene Pflanzenteile nun entfernt. Achten Sie beim Arbeiten mit spitzen oder scharfen Werkzeugen darauf, die Folie nicht zu beschädigen. Größere Algen- und Wasserpflanzenplacken sollten nach dem Herausfischen noch einen Tag am Teichufer zwischengelagert werden, so können sich darin versteckte Wasserinsekten und andere Tiere zurück in den Teich retten. Erst dann kommt das Material auf den Kompost. Schneiden Sie die Halme von Rohrkolben und Binsen nicht ab, da sie im Winter durch die Bewegung im Wind verhindern, dass das Eis ganz zufriert. So gelangt auch bei leichtem Frost noch Sauerstoff ins Wasser und Vögel können ihren Durst stillen.

**NOCH IST ES NICHT ZU SPÄT …**

**… um das Laubschutznetz** über den Teich zu spannen, damit keine welken Blätter ins Wasser fallen und faulen.

## MATERIAL

- Alte Obstkiste
- Säge
- Hammer
- Nägel
- Lineal
- Cutter oder scharfes Messer
- Gartenschnur
- Bleistift

## FRÜHBEETKASTEN SELBER BAUEN

Dieser einfache, aber attraktive Frühbeetkasten ist ideal, um Jungpflanzen abzuhärten, bevor sie ausgepflanzt werden. Alte Obstkisten bekommen Sie auf dem Wochenmarkt oder Flohmarkt. Soll der Kasten ganz authentisch wirken, können Sie auch noch alte, rostige Nägel verwenden. Es war zwar etwas mühselig, die Seitenbretter zu lösen, trotzdem hat der Bau nicht länger als eine halbe Stunde gedauert.

**1** Lösen Sie die oberen Bretter der Obstkiste vorsichtig mit den Klauen des Hammerkopfes, ohne dass das Holz splittert – die Brettchen werden später noch benötigt. Wenn möglich, können auch die alten Drahtkrampen oder Nägel wiederverwendet werden.

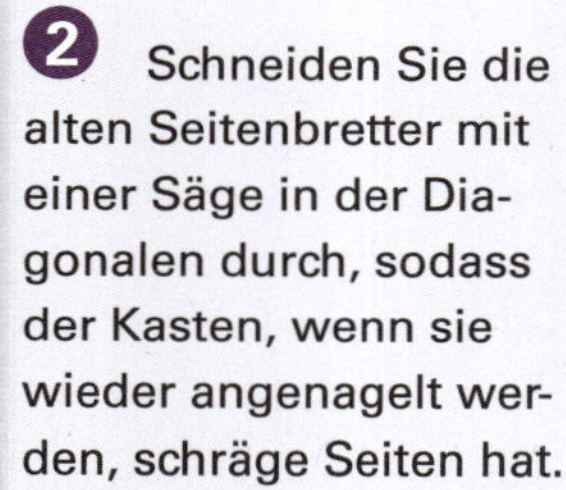

**2** Schneiden Sie die alten Seitenbretter mit einer Säge in der Diagonalen durch, sodass der Kasten, wenn sie wieder angenagelt werden, schräge Seiten hat.

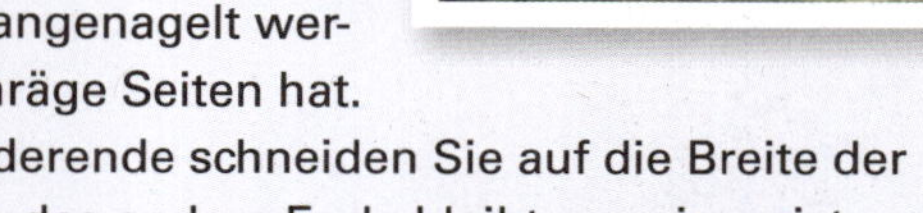

Das Vorderende schneiden Sie auf die Breite der Kiste zu, das andere Ende bleibt so, wie es ist.

**3** Nun werden die zugesägten Bretter wieder an die Kiste genagelt, und zwar so, dass sie direkt an die unteren Bretter stoßen. Wenn die alten Nägel beim Einschlagen brechen, weil sie zu verrostet sind, können Sie natürlich auch neue verwenden.

**4** Mit einer feinen Fuchsschwanzsäge werden die überstehenden senkrechten Pfosten auf Höhe der Seitenbretter abgesägt. Scharfe Kanten können mit Schmirgelpapier geglättet werden, damit man sich keine Splitter einzieht.

**5** Schlagen Sie einen kurzen Nagel von außen nach innen in das Brett auf der Vorderseite. Von der Innenseite wird ein Stück Holz vom Zuschnitt dagegengehalten, das als Ablage für den Deckel dient. Lassen Sie den Nagel auf der Vorderseite ein kleines Stück aus dem Holz herausragen.

**6** Genauso verfährt man auf der Rückseite: Nageln Sie zwei kleine Holzstückchen in den Ecken fest. Schlagen Sie auch hier die Nägel nicht ganz ins Holz. Schneiden Sie dann ein Stück Plexiglas auf die passende Größe als Deckel zurecht.

**7** Binden Sie ein Stück Gartenschnur an einen der beiden hinteren Nägel, dann wird die Schnur diagonal über den Deckel gezogen, unter dem vorderen Nagel hindurch und wieder zurück auf die andere Seite nach hinten. Festbinden, Pflanzen hineinstellen. Fertig.

# DER GARTEN IM NOVEMBER

**Auch jetzt gibt es noch einiges im Garten zu tun! Beete können aufgeräumt werden, Bäume und Reben können noch geschnitten und Tulpen gepflanzt werden. Und ein Duftschneeball sorgt auch in der trüben Jahreszeit für Duft und Farbe im Garten.**

# NOVEMBER
# Arbeiten im Überblick

## ZIERGARTEN

Tulpen pflanzen
Unkraut jäten
Samen und Pflanzen bestellen
Wurzelnackte Pflanzen pflanzen
Stauden pflanzen
Laub sammeln
Winterflor pflanzen
Chrysanthemen pflegen
Wertvolle Gefäße mit Luftpolsterfolie schützen
Staudenstützen entfernen
Reisighaufen kontrollieren

## GEWÄCHSHAUS

Schädlingskontrolle
Rittersternzwiebeln kaufen
Vorgetriebene Zwiebelblumen in die Wohnung stellen

## OBSTGARTEN

Leimringe anbringen
Weinreben schneiden

## GEMÜSEGARTEN

Dicke Bohnen säen
Wintergemüse ernten
Beete aufräumen
Gartenvlies und -netze aufräumen
Kompost umsetzen
Kohl mit Netzen abdecken

## RASEN

Rasen zum letzten Mal mähen
Rasenmäher reinigen und warten

## GARTENTEICH

Eisfreihalter installieren

# Der Garten im November

## ZIERGARTEN

### Unbedingt erledigen

**Tulpen pflanzen.** Tulpen werden von verschiedenen Krankheiten befallen, die zu Fäulnis oder missgebildeten Trieben führen. Wenn Sie Tulpenzwiebeln erst im November pflanzen, ist das Risiko, dass die Zwiebeln von Pilzkrankheiten befallen werden, geringer. Setzen Sie die Zwiebeln im Abstand von etwa 10–15 cm und dreimal so tief, wie die Zwiebeln dick sind. Die Spitze der Zwiebel muss immer nach oben zeigen. Wenn die Zwiebeln zu flach gesetzt werden, bleibt meist ab dem zweiten Jahr die Blüte aus. Damit Wühlmäuse die Zwiebeln nicht anfressen, können Sie sie in einen kleinen Korb aus Maschendraht einpflanzen. Die Triebe wachsen einfach durch die Maschen durch.

**Samen und Pflanzen bestellen.** Die neuen Samenlisten und Pflanzenkataloge der Versandhändler bieten eine Fülle an Sommerblumen und Gemüsesorten. Wenn Sie jetzt schon vorbestellen, können Sie sichergehen, dass die gewünschten Arten und Sorten im Frühjahr für Sie noch verfügbar und nicht vergriffen sind. Besonders ungewöhnliche Kartoffel- und Tomatensorten sind nur in geringer Stückzahl erhältlich und schnell ausverkauft.

**Unkraut bekämpfen.** Jetzt wächst auch das Unkraut nicht mehr so schnell, was eine hervorragende Gelegenheit bietet, den Garten von unerwünschten Gewächsen zu befreien. Die Erde ist feucht und sogar Wurzelunkräuter lassen sich nun leichter jäten. Versuchen Sie, die Unkrautpflanze ganz mit möglichst vielen Wurzeln auszugraben, so wie den rechts abgebildeten Hahnenfuß.

## Empfehlenswerte Arbeiten

**Den Garten ins Haus holen.** Wenn das Wetter draußen kalt und regnerisch ist, können Sie sich ein bisschen Garten ins Haus holen. Zweige von Ziersträuchern wie Forsythie, Blutjohannisbeere und Zierkirschen blühen nach drei bis vier Wochen in der Vase auf. Sie sollten also mit dem Zweigschneiden nicht bis zum Barbaratag (4. Dezember) warten, damit Sie sich auch schon vor Weihnachten an den Frühlingsblüten freuen können.

**Stauden pflanzen.** Bis Mitte November können noch Stauden gepflanzt werden. Sie wachsen dann noch etwas ein und haben im nächsten Frühjahr einen besseren Start. Füllen Sie Lücken in den Beeten zum Beispiel wie hier mit Storchschnabel, und vergessen Sie nicht, die Pflanzen zu gießen, wenn das Wetter trockener ist.

**Wurzelnackte Pflanzen setzen.** Sträucher, Obstbäume, Heckenpflanzen, Rosen und Stauden werden ab Mitte Oktober als sogenannte wurzelnackte Ware ohne Erdballen angeboten. Sie sind deutlich günstiger als Containerpflanzen oder Ballenware. Wurzelnackte Pflanzen müssen so schnell wie möglich in die Erde kommen werden. Legen Sie die Pflanzen vor der Pflanzung 24 Stunden lang in Wasser, damit sie sich richtig vollsaugen können. Wenn sie nicht sofort eingesetzt werden können, sollte man sie in Erde einschlagen oder in einer Plastiktüte kühl und dunkel lagern.

### NOCH IST ES NICHT ZU SPÄT …

**… um Laub aufzusammeln.** Kompostieren Sie es in Säcken oder einem Laubkomposter (siehe Seite 179–180).

**… um Winterflor zu pflanzen.** Vergissmeinnicht, Tausendschön und Hornveilchen können bei frostfreiem Wetter gepflanzt werden.

# Der Garten im November

**Balkonkästen ausputzen.** Damit die Pflanzen so lange wie möglich gut aussehen, sollten Sie abgeblühte Knospen sowie gelbe und welke Blätter regelmäßig ausputzen. So vermindern Sie auch das Risiko, dass sich an den absterbenden Pflanzenteilen Pilzkrankheiten ansiedeln. Passen Sie auf, nicht zu viel zu gießen. Wegen der niedrigen Temperaturen wachsen die Pflanzen nicht so schnell und brauchen weniger Wasser.

**Dahlien zurückschneiden.** Wenn nicht schon im Oktober geschehen, müssen Dahlien jetzt zurückgeschnitten werden. Der erste Frost lässt Blätter und Triebe schwarz werden, schneiden Sie diese bis zum Boden ab und graben Sie die Knollen aus. Diese werden frostfrei, kühl und dunkel in leicht feuchtem Sand oder Torf überwintert und im nächsten Jahr entweder vorgetrieben oder Mitte Mai wieder ausgepflanzt.

**Chrysanthemen.** Nach einem jahrelangen Schattendasein als spießige Herbstpflanzen erleben Chrysanthemen ein Comeback. Sie blühen unglaublich lange und üppig, vertragen leichten Frost und sind in einer solchen Farben- und Formenfülle erhältlich, dass kaum Wünsche offen bleiben. Am besten halten sie sich als Kübelpflanzen, denn dann können sie bei sehr schlechtem Wetter ins Gewächshaus oder den Hausflur gestellt werden. Nach der Blüte werden die Pflanzen recht radikal zurückgeschnitten und können im Frühling eingepflanzt werden.

**Töpfe einpacken.** Um ein komplettes Durchfrieren von Kübelpflanzen, die im Freien überwintern, zu verhindern, können sie dick in Luftpolsterfolie eingepackt werden. Die Folie nicht über die Pflanzen ziehen oder den Topf komplett einpacken, da es sonst zu Schimmelbildung kommt. Im Frühling rechtzeitig auspacken, denn die Folie hält die Kälte auch länger im Topf.

**Stammschutz.** Um zu verhindern, dass Kaninchen die Rinde frisch gepflanzter Bäume und Sträucher fressen, wird eine Stammschutzmanschette um die Pflanzen gewickelt.

## FÜNF-MINUTEN-PROJEKTE

**Stützen und Stäbe entfernen.** Ziehen Sie Staudenringe, Stützen und Stäbe aus den Beeten und lagern Sie sie im Schuppen oder Keller ein.

**Reisighaufen kontrollieren.** Bevor Sie Holz- und Reisighaufen anzünden (wenn das in Ihrer Gemeinde überhaupt erlaubt ist), müssen Sie nachschauen, ob sich keine Igel oder andere Tiere darin befinden.

# Der Garten im November

## GEWÄCHSHAUS

### Unbedingt erledigen

**Krankheiten vorbeugen.** Als prophylaktische Maßnahme sollten Sie mindestens einmal pro Woche Ihre überwinternden Kübelpflanzen auf Schädlinge und Krankheiten untersuchen. Dabei werden welke und abgestorbene Triebe entfernt. Diese Arbeit kann nach einem anstrengenden Tag im Büro durchaus entspannend sein. Vor allem Pilzkrankheiten können im Winter für viele Pflanzen zum Problem werden, daher ist es besser, ihnen durch das Entfernen toter Blätter und Triebe erst gar keine Möglichkeit der Ausbreitung zu bieten. Fegen Sie auch alle Blätter auf, die von alleine abgefallen sind, denn in ihnen können sich viele Schädlinge verstecken.

### NOCH IST ES NICHT ZU SPÄT ...

**... um das Gewächshaus zu isolieren.** Legen Sie große Bahnen von Noppenfolie über das Dach und die Seitenwände. Zur Befestigung gibt es im Gartencenter spezielle Clips, damit die Folie bei Wind nicht wegweht.

### Empfehlenswerte Arbeiten

**Ritterstern.** Jetzt gibt es ein großes Angebot an Zwiebeln von „Amaryllis", dem Ritterstern. Warten Sie mit dem Einpflanzen in Töpfe aber noch ein paar Wochen, denn zu früh austreibende Exemplare haben in den dunklen Wintermonaten mit fehlendem Licht zu kämpfen. Die Blätter werden lang und weich, und auch der Blütentrieb knickt leicht um. Ideal ist eine Pflanzung im Februar, denn dann fällt das Wachstum mit den länger werdenden Tagen zusammen.

**Zwiebelblumen für die Wohnung.** Im Gartencenter, in Gärtnereien und Blumenläden gibt es jetzt vorgezogene Narzissen, Hyazinthen und andere Zwiebelblumen. Stellen Sie sie so hell wie möglich und kühl auf, damit sie lange halten. Wenn die Stiele der Narzissen zu lang werden, können sie mit dünnen Stäbchen (zum Beispiel Schaschlikspießen) gestützt werden.

# OBSTGARTEN

## Unbedingt erledigen

**Leimringe anbringen.** Um zu verhindern, dass die flugunfähigen Weibchen der Frostspanner (eine Mottenart) an den Obstbäumen hochklettern und ihre Eier ablegen, werden die Stämme mit Leimringen umwickelt. Diese werden etwa in einer Höhe von 45 cm angebracht und bleiben bis April an den Bäumen. Für ältere Bäume mit rauer Rinde oder Borke gibt es auch Leim zum Anstreichen. Die Frostspannerweibchen bleiben auf dem Leim kleben und können keine Eier ablegen. Auf diese Weise kommt es nicht zu einem Fraßschaden durch im Frühjahr schlüpfende Raupen.

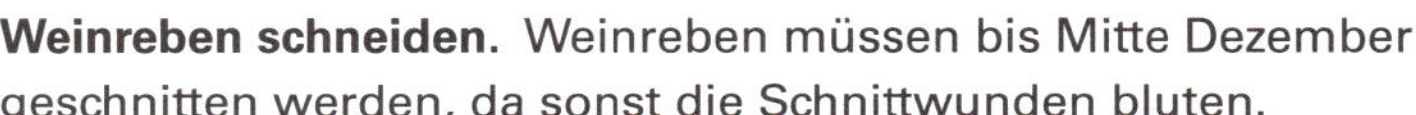

**Weinreben schneiden.** Weinreben müssen bis Mitte Dezember geschnitten werden, da sonst die Schnittwunden bluten.

- Bei Pflanzen, die im Guyot-System erzogen sind, wird der horizontale Trieb, der in diesem Jahr getragen hat, entfernt. Ziehen Sie dann ein oder zwei senkrechte Triebe auf den unteren Draht und schneiden Sie diese auf 60–90 cm Länge zurück. Die übrigen Triebe werden auf zwei bis drei Knospen eingekürzt.
- Bei Reben am Spalier werden die Seitentriebe auf ein oder zwei Knospen zurückgeschnitten.

## Empfehlenswerte Arbeiten

**Schwarze Johannisbeeren schneiden.** Damit Sie kontinuierlich einen guten Ertrag bekommen, müssen Schwarze Johannisbeeren jedes Jahr geschnitten werden. Da die meisten Beeren an den vorjährigen Trieben angesetzt werden, können ältere entfernt werden. Sie haben eine graue oder schwarze Rinde und können direkt am Boden mit einer Astschere oder Astsäge abgeschnitten werden. Sehr alte Pflanzen können verjüngt werden, indem man alle oder einen Großteil der Triebe komplett entfernt.

**Rhabarber teilen.** Große Rhabarberhorste können wie Stauden aufgenommen und geteilt werden. Mit einem Spaten oder einer Grabegabel wird die Pflanze in mehrere Teilstücke zerteilt, dabei sollte jedes einen Vordertrieb mit neuen Knospen besitzen. Beim Wiedereinpflanzen sollte man darauf achten, dass diese Knospen knapp über der Erdoberfläche liegen.

# Der Garten im November

## NOCH IST ES NICHT ZU SPÄT …

**… für die Pflanzung von Wintersalat** wie Endivien, Asia-Salaten, Spinat und Feldsalat. Decken Sie die Jungpflanzen mit Vlies ab, dann sind sie vor Wetterunbilden und Tauben geschützt.

## GEMÜSEGARTEN

### Unbedingt erledigen

**Aussaat:**

- Spinat, Feldsalat
- Wintersalat unter Glas

**Ernten:**

- Möhren, Pastinaken, Lauch
- Rote Bete
- Rosenkohl, Sprossenbrokkoli
- Winterkohl und Winterblumenkohl
- Endivien

**Beete aufräumen.** Wenn die letzten Gemüse geerntet sind, können die Beete aufgeräumt werden. Erntereste kommen auf den Kompost, Trittbretter, Stangen und Stäbe werden grob gereinigt und trocken im Schuppen oder der Garage eingelagert. Vlies und Netze werden von Pflanzenteilen und Schmutz befreit und können zusammengefaltet bis zum nächsten Jahr aufbewahrt werden.

**Kompost.** Wenn Sie mit zwei Komposthaufen arbeiten, können Sie nun den Inhalt des einen sieben und entweder gleich oder im nächsten Frühjahr auf den Beeten verteilen. Decken Sie Kompost, den Sie nicht gleich verteilen, mit einer Folie ab, damit er nicht zu nass wird. Der Inhalt des anderen wird umgesetzt und ist im nächsten Jahr fertig. Mischen Sie etwas fertigen Kompost unter frisches Pflanzenmaterial, das beschleunigt die Verrottung. Der Einsatz von speziellem „Kompostbeschleuniger" ist nicht nötig und Geldverschwendung.

### Empfehlenswerte Arbeiten

**Topinambur ernten.** Es ist immer wieder überraschend, wie viele Knollen von einer einzigen Topinamburpflanze geerntet werden können. Sehr runzelige Knollen lassen sich nur schwer schälen und können kompostiert werden. Wenn Sie im nächsten Jahr an dieser Stelle im Beet keinen Topinambur anbauen möchten, müssen die Knollen akribisch aus dem Boden gelesen werden, sonst haben Sie im nächsten Jahr an dieser Stelle einen ganzen Topinambur-„Wald".

Lauch ernten. Lauch kann den ganzen Winter auf dem Beet bleiben und wird erst geerntet, wenn man ihn braucht. Da es aber bei gefrorenem Boden nur schwer möglich ist, die Stangen auszugraben, sollten Sie sie jetzt mit einer Grabegabel lockern, damit sie später im Jahr leichter aus der Erde gezogen werden können.

## PFLANZENSCHUTZ

**Tauben.** Decken Sie alle Kohlpflanzen mit Netzen ab, damit die Blätter nicht von Tauben gefressen werden. Achten Sie beim Aufspannen darauf, dass keine Lücken entstehen und das Netz straff mit einem Abstand von 15–20 cm über den Pflanzen gespannt ist – sonst können die Tauben die Blätter durch die Maschen anpicken, wenn sie sich auf dem Netz niederlassen.

# Der Garten im November

**Dicke Bohnen säen.** Dicke Bohnen oder Puffbohnen sind kälteunempfindlich und können jetzt schon im Frühbeet oder Kalten Kasten ausgesät werden. Durch die frühe Aussaat haben die Pflanzen einen Wachstumsvorsprung gegenüber den im Frühling gesäten und werden nicht so sehr von der Schwarzen Bohnenblattlaus befallen. Da man aber nie vorhersehen kann, wie der Winter wird, sollten Sie auf jeden Fall genug Samen für die Aussaat im Februar zurückbehalten.

**Mäuse.** Auf den Beeten überwinternde Gemüse sind ein willkommenes Fressen für Mäuse und Wühlmäuse. Besonders mit Stroh abgedeckte Möhren und Pastinaken stellen für diese Nager paradiesische Zustände dar. Sie können sich ungestört an den mühsam angebauten Wurzeln laben und sind vor Kälte und Schnee geschützt. Kontrollieren Sie daher regelmäßig die Beete. Gegen eine Mäuseplage hilft nur das vorzeitige Ernten und Einlagern des Gemüses an einem sicheren Ort.

## FÜNF-MINUTEN-PROJEKT

**Rosenkohl kontrollieren.** Im Laufe der Zeit werden Rosenkohlpflanzen immer höher und kopflastiger. Damit sie bei Wind und Schnee nicht umkippen, werden sie an einen stabilen Pflock oder Stab gebunden. So verhindern Sie auch, dass die Blätter von Krankheiten befallen werden, da die Luft ungehindert um die Pflanze zirkulieren kann. Entfernen Sie die unteren Blätter, sobald sie gelb werden. Das erleichtert die Ernte der kleinen Röschen, die von unten nach oben reifen und in dieser Reihenfolge gepflückt werden.

# RASEN

## Unbedingt erledigen

**Rasenmäher reinigen und warten.** Während der kalten Jahreszeit wächst das Gras kaum, und so haben Sie die Gelegenheit, Ihren Rasenmäher gründlich zu reinigen und bei Bedarf warten zu lassen.

- Beim letzten Rasenmähen werden die Messer auf die höchste Schnitthöhe eingestellt. Bei dieser Gelegenheit werden auch die letzten Herbstblätter vom Rasen mit „aufgemäht".
- Reinigen Sie dann den Rasenmäher (Netzstecker vorher ziehen!) und entfernen Sie alte Grasreste. Am besten geht das mit einem Holzspatel oder alten Pflanzenetikett.
- Mit einem Schleifstein werden die Messer nachgeschliffen. Sie können sie auch abschrauben und schleifen lassen. Sehr stark beschädigte Messer werden am besten komplett durch neue ersetzt.

# GARTENTEICH

## Empfehlenswerte Arbeiten

**Eisfreihalter.** Besonders bei kleinen Teichen, in denen Fische leben, kann es bei zugefrorener Oberfläche zu Sauerstoffmangel im Wasser kommen. Eine einfache Methode, um bei leichtem Frost ein Zufrieren des Teiches zu verhindern, ist es, einen kleinen Ball auf der Oberfläche schwimmen zu lassen.

# Der Garten im November

## WINTERSCHUTZ IM GARTEN

**Ab Ende Oktober steigt die Gefahr von ersten Nachtfrösten, und spätestens im November sollten Sie für kälte- und frostempfindliche Pflanzen Vorsorgemaßnahmen getroffen haben. Warten Sie nicht, bis die ersten Frostnächte vorbei sind, der Winterschutz muss vorher an den Pflanzen angebracht sein.**

**1** Spät gepflanzte Kohlgemüse für die Ernte im zeitigen Frühjahr werden mit einer doppelten oder dreifachen Lage Vlies abgedeckt. Das Vlies wirkt wie eine isolierende Schneedecke und schützt die Pflanzen vor Kälte bei Kahlfrost, also bei Temperaturen unter dem Gefrierpunkt und offenem Boden ohne Schneedecke.

**2** Kohlgemüse wie Sprossenbrokkoli und Rosenkohl, die den ganzen Winter über an frostfreien Tagen geerntet werden können, werden ebenfalls mit einer Folie abgedeckt. Diese wird über Bögen tunnelförmig über das Beet gespannt. Bei Sonneneinstrahlung erwärmt sich die Luft unter der Folie und die Pfanzen können wachsen.

### MATERIAL

- Gartenvlies
- Stäbe oder Metallbügel
- Folie
- Nadelholzreisig
- Schieferplatte oder Steinplatten

**3** Viele Stauden sind weniger kälte- als nässeempfindlich. Gegen zu viel Feuchtigkeit und Staunässe im Winter hilft ein Zelt aus Folie, das ab Ende November über die Pflanzen gestülpt wird. Damit sich die Luft darunter nicht erwärmt, muss eine Seite offen bleiben.

**4** Rosen bekommen bei Wintersonne und trockenen, kalten Winden an den Trieben leicht Frostschäden. Häufeln Sie die Rosen etwa 15–20 cm hoch mit Erde oder Kompost an und bedecken Sie die Triebe mit Reisig. So sind sie geschützt und treiben an warmen Vorfrühlingstagen auch nicht vorzeitig aus.

**5** Wenn Schnee auf Kübeln schmilzt und das Wasser in der Erde versickert, kann es, wenn es wieder gefriert, zu Staunässe und Fäulnis kommen. Decken Sie Stauden in Kübeln daher ab, aber nicht luftdicht.

# DER GARTEN IM DEZEMBER

**Nicht nur Weihnachten steht vor der Tür, sondern auch die ersten längeren Frostperioden. Für Farbe sorgen nun Pflanzen mit farbiger Rinde wie Weiden und Hartriegel, aber auch so manches Herbst-Alpenveilchen blüht noch. Efeu und Stechpalmen können für eine weihnachtliche Dekoration im Haus geschnitten werden.**

# DEZEMBER
## Arbeiten im Überblick

### ZIERGARTEN

Weihnachtsbaum kaufen
Birken und Ahorn schneiden
Zweige zur Dekoration schneiden
Farbe in den Garten bringen
Auf Zwiebelblumenschnäppchen achten
Stiefmütterchenkrankheiten beachten
Steckhölzer schneiden
Sträucher pflanzen
Spaliere aufbinden
Pflöcke und Pfosten kontrollieren
Laub sammeln

### GEWÄCHSHAUS

Weihnachtssterne kaufen
Hyazinthen kühl stellen
Gewächshausheizung kontrollieren

### OBSTGARTEN

Fruchtmumien entfernen
Neue Sträucher pflanzen
Wurzelnackte Obstbäume pflanzen

### GEMÜSEGARTEN

Umgraben
Lagergemüse kontrollieren
Wintergemüse wie Rote Bete, Lauch, Wurzelgemüse und Kohl ernten

### RASEN

Rasenkanten schneiden

### GARTENTEICH

Eisfreihalter kontrollieren

# Der Garten im Dezember

## ZIERGARTEN

### Unbedingt erledigen

**Weihnachtsbaum kaufen.** Ab Mitte Dezember werden auf Märkten und in Gartencentern Weihnachtsbäume angeboten. Am besten halten sich Edeltannen und Nordmanntannen. Diese beiden gehören aber auch zu den teuersten Weihnachtsbaumarten, da sie sehr lange brauchen, um eine ausreichende Höhe und Größe zu erreichen. Fichten sind preiswerter, halten aber nicht so lange und nadeln schnell. Stellen Sie den gekauften Baum erst am Weihnachtstag ins warme Wohnzimmer, da er sonst nicht so lange hält. Vorsicht bei Billigangeboten: Oft handelt es sich dabei um Bäume, die schon vor Wochen geschlagen und lange eingelagert wurden.

### Empfehlenswerte Arbeiten

**Birken und Ahorn schneiden.** Diese beiden Baumarten neigen dazu, aus frischen Schnittwunden zu bluten, wenn sie in der Wachstumsperiode geschnitten werden. Sie dürfen nur während der Saftruhe im Winter geschnitten werden, da sonst die Pflanzen durch den Flüssigkeitsverlust geschwächt werden. Bei Zierahornen werden nur abgestorbene und kranke sowie über Kreuz wachsende und aneinanderscheuernde Triebe entfernt. Sie entwickeln von alleine einen malerischen Wuchs.

**NOCH IST ES NICHT ZU SPÄT …**

**… um Steckhölzer zu schneiden.** Von vielen Sträuchern wie Hartriegel, Sommerflieder, Forsythien und Weiden können noch Steckhölzer geschnitten werden, um neue Pflanzen anzuziehen (siehe Seite 34 f.).

**Zweige für die Weihnachtsdeko schneiden.** Stechpalmen und Efeu eignen sich wunderbar als Weihnachtsdekoration. Wenn Sie Stechpalmenzweige mit Beeren haben möchten, müssen Sie den Strauch (oder einen Teil von ihm) mit Netzen vor Vögeln schützen.

## PFLANZENSCHUTZ

**Wurzelfäule an Stiefmütterchen und Hornveilchen.** Diese Pilzkrankheit befällt die Wurzeln und führt dazu, dass die Pflanzen welken und absterben. Es gibt keine Möglichkeit der Behandlung, entfernen Sie daher befallene Pflanzen komplett, und pflanzen Sie an dieser Stelle für einige Jahre keine Veilchen mehr.

**Farbe im Garten.** Das winterharte Herbstalpenveilchen blüht fast den ganzen Winter und bildet an Stellen, die ihm zusagen, große zusammenhängende, rosa-weiße Blütenteppiche. Auch die Blätter sind mit ihrer silber-grünen Blattzeichnung, die bei keiner Pflanze gleich ist, ausgesprochen attraktiv. Kaufen Sie daher schon ausgetriebene Pflanzen, da Sie nur so die Exemplare mit der schönsten Blattzeichnung auswählen können. Der ideale Standort ist halb schattig unter laubabwerfenden Bäumen und Sträuchern und hat einen durchlässigen Boden.

**Schnäppchen im Gartencenter.** Zum Jahresende werden die Restposten von Blumenzwiebeln in den Gartencentern zu Spottpreisen angeboten. Noch können Tulpen, Zierlauch, Kaiserkronen und Narzissen gepflanzt werden. Die Knollen von Krokussen und die empfindlichen Zwiebeln von Schneeglöckchen sind jedoch durch die lange Lagerung so eingetrocknet, dass sie kaum noch austreiben. Bei diesen heißt es daher besser: liegen lassen. Auch von Zwiebeln, die sehr weich sind oder gar Anzeichen von Schimmel oder Pilzbefall zeigen, sollten Sie die Finger lassen.

# Der Garten im Dezember

**Sträucher pflanzen.** Um etwas Farbe in den Garten zu bringen, können Sie jetzt noch an frostfreien Tagen Ziersträucher mit farbiger Rinde wie Hartriegel und Weiden pflanzen. Da die jüngeren Triebe die schönste Färbung zeigen, sollte bei etablierten Pflanzen immer ein Teil der Triebe im Frühjahr bis auf zwei oder drei Knospen über dem Boden zurückgeschnitten werden, damit die Bildung junger Zweige angeregt wird. Zur Pflanzung von Sträuchern siehe Seite 160.

**Stauden schneiden.** Umgeknickte und unordentlich aussehende abgestorbene Triebe von Stauden können abgeschnitten und kompostiert werden, wenn sie stören.

**Spalierpflanzen anbinden.** Befestigen Sie den Neuzuwachs von Spaliergehölzen an der Kletterhilfe, damit die Zweige nicht bei Winterstürmen abbrechen. Dabei werden auch das Spalier und seine Verankerung an der Wand kontrolliert.

## FÜNF-MINUTEN-PROJEKTE

**Pflöcke und Stäbe** kontrollieren, ob sie wackeln. Bei Bedarf erneuern oder fester einschlagen.

**Kranke Blätter aufsammeln.** Viele Pflanzenkrankheiten lassen sich durch das regelmäßige Aufsammeln und Entfernen kranker Blätter und Triebe vermeiden.

# GEWÄCHSHAUS

## Unbedingt erledigen

**Weihnachtssterne kaufen.** Dieser Zierstrauch gehört einfach zu Weihnachten dazu. Es gibt heute viele Sorten mit weißen, cremefarbenen, rosa und roten Hochblättern. Die eigentlichen Blüten sind klein und unscheinbar. Kaufen Sie nur Pflanzen, die nicht im Freien angeboten werden, denn Kälte lässt die Blätter abfallen. Stellen Sie den Weihnachtsstern in der Wohnung möglichst hell und zugfrei auf.

**Hyazinthen kühl stellen.** Die Zwiebeln, die Sie im September gepflanzt haben (siehe Seite 164), treiben jetzt aus. Stellen Sie sie hell und kühl auf, damit sie nicht zu schnell wachsen. Sonst werden die Blätter länger als der Blütentrieb und verdecken ihn. Nach der Blüte können die Zwiebeln in den Garten gepflanzt werden.

### FÜNF-MINUTEN-PROJEKT

**Gewächshausheizung kontrollieren.** Damit Sie in den ersten wirklich kalten Frostnächten keine bösen Überraschungen erleben, sollten Sie jetzt noch einmal die Heizung und die Isolierung des Gewächshauses kontrollieren.

# Der Garten im Dezember

## OBSTGARTEN

### Unbedingt erledigen

**Fruchtmumien entfernen.** Jetzt, wenn die Blätter von Äpfeln und Birnen abgefallen sind, lassen sich eingetrocknete Früchte (Fruchtmumien) leicht erkennen. Entfernen Sie alle, die Sie entdecken und erreichen können. Die Früchte dürfen nicht kompostiert werden, sondern gehören in den Hausmüll. So verhindern Sie, dass sich die Krankheit, die dies verursacht, die Monilia-Fruchtfäule, weiter ausbreitet.

### Empfehlenswerte Arbeiten

**Pflanzen.** Solange der Boden nicht gefroren ist, können noch neue Bäume und Sträucher gepflanzt werden.

**Hecken pflanzen.** Wurzelnackte Heister sind einjährige Pflanzen, die ohne Erdballen verkauft werden. Sie sind günstig und eine gute Möglichkeit, ohne hohe Kosten eine Hecke zu pflanzen. Bei Spezialgärtnereien und im Versandhandel finden Sie die größte Sortenauswahl, im Gartencenter bekommen Sie, wenn überhaupt, nur das Standardsortiment. Wenn der Boden gefroren ist, werden sie temporär in Erde eingeschlagen und gepflanzt, wenn das Wetter besser ist.

#### NOCH IST ES NICHT ZU SPÄT …

**… für den Pflegeschnitt** von Apfelbäumen. Entfernen Sie alte, kranke und über Kreuz wachsende Äste.

**… um Reben zu schneiden** (siehe Seite 201).

## GEMÜSEGARTEN

### Unbedingt erledigen

**Ernten:**

- Möhren, Pastinaken, Lauch
- Rote Bete
- Rosenkohl, Sprossenbrokkoli
- Winterkohl, Winterblumenkohl
- Wintersalate (Endivien, Feldsalat, Spinat)

**Umgraben** ist eine ideale Gartenarbeit für kalte Tage – es wird einem schnell warm dabei. Beim Umgraben wird die Erde gelockert und organisches Material wie Kompost, verrotteter Mist und Gründüngung können eingearbeitet werden. Warten Sie bei schweren Lehmböden auf trockenes Wetter.

### Empfehlenswerte Arbeiten

**Ernte.** Rosenkohl wird von unten nach oben geerntet. Bei Grünkohl werden nach und nach die Blätter entsprechend dem Bedarf geerntet, genau wie bei Sprossenbrokkoli die jungen Triebe. Auch Möhren, Pastinaken und andere Wurzelgemüse sowie Lauch können nach Bedarf (und wenn der Boden nicht gefroren ist) geerntet werden.

**Gemüse im Lager.** Kontrollieren Sie eingelagerte Kartoffeln, Zwiebeln und Knoblauchknollen. Alle weichen, fauligen oder von Schimmel befallenen Gemüse werden aussortiert und weggeworfen, damit die übrigen nicht auch noch verderben.

## RASEN

### Empfehlenswerte Arbeiten

Damit der Rasen auch im Winter tadellos aussieht, können Sie die Rasenkanten abstechen, wenn diese übergewachsen sind.

## GARTENTEICH

### Empfehlenswerte Arbeiten

Damit der Teich nicht zufriert, können Sie einen Eisfreihalter (erhältlich im Gartencenter) installieren.

# Der Garten im Dezember

## MATERIAL

- Sauberes, scharfes Messer
- Schneidebrett
- Anzuchterde
- Schalen oder kleine Töpfe
- Pikierstab
- Etiketten
- Grit, Kies oder Vermiculit

## PFLANZEN

**Stauden, z. B.**

- Orientalischer Mohn
- Bärenklau
- Japan-Anemone
- Kugeldistel
- Schleierkraut
- Phlox
- Primeln

**Gehölze, z. B.**

- Götterbaum
- Eichblatthortensie
- Essigbaum
- Zierquitte

## WURZELSTECKLINGE

**Wie funktioniert diese Vermehrungstechnik?** Mit Wurzelstecklingen oder Wurzelschnittlingen lassen sich viele Pflanzen vermehren. Dies geht meist sogar noch viel einfacher als die Aussaat von Samen. Am häufigsten kommt diese Technik bei Stauden zum Einsatz, aber auch zahlreiche Bäume und Sträucher lassen sich so vermehren.

**Wann werden Wurzelstecklinge geschnitten?** Von Ende Oktober bis Anfang März ist die beste Zeit, Pflanzen durch Wurzelschnittlinge zu vermehren.

**1** Mit einem scharfen Messer wird von einer getopften oder frisch ausgegrabenen Pflanze ein dickes, festes Wurzelstück abgeschnitten, das keine Symptome von Krankheiten oder Schädlingsbefall zeigt. Entfernen Sie nicht mehr als die Hälfte der Wurzeln der Mutterpflanze.

**2** Nachdem Sie die feinen Seitenwurzeln entfernt haben, werden lange Wurzeln in 5–8 cm lange Teilstücke geschnitten. Damit man beim Stecken weiß, welches Ende oben und welches unten ist, wird das jeweils untere mit einem schrägen Schnitt markiert.

❸ Bereiten Sie zügig alle Wurzelstecklinge vor, damit sie nicht austrocknen. Jedes Stück besteht aus einem dicken Wurzelteil, das obere Ende ist gerade, das untere schräg eingeschnitten, jetzt können Sie mit dem Stecken beginnen.

❹ Füllen Sie kleine Töpfe oder eine Aussaatschale mit Anzuchterde und stecken Sie die Wurzelstücke hinein. Für feinere Wurzeln sollte mit dem Pikierstab ein Loch vorgebohrt werden.

❺ De Gefäße mit Grit, Kies oder Vermiculit abdecken und danach angießen.

## Feine Wurzeln

Sehr feine Wurzeln wie die von Primeln werden statt in Töpfe besser in flache Anzuchtschalen gelegt. Lassen Sie die Teilstücke beim Schnitt länger (8–10 cm ist ideal) und legen Sie die Wurzeln nur auf die Erdoberfläche. Nicht mit Erde, sondern mit feinem Grit, grobem Sand oder Vermiculit bedecken.

# Register

# Register

Titel der englischen Originalausgabe:
The Gardener's Year Made Easy
Der Originaltitel erschien 2011 bei unserer englischen Partnerorganisation Which? Limited, London.


Stiftung Warentest
Lützowplatz 11–13
10785 Berlin
Telefon 0 30/26 31-0
Fax 0 30/26 31-25 25
www.test.de
email@stiftung-warentest.de

USt.-IdNr.: DE136725570

**Vorstand:** Hubertus Primus
**Weiteres Mitglied der Geschäftsleitung:**
Dr. Holger Brackemann (Bereichsleiter Untersuchungen)



**Programmleitung:** Niclas Dewitz
**Autoren** (englische Ausgabe): Ceri Thomas, Susie Bulman, Gemma Wilkinson, Danny Coope und Oliver Coupe
**Übersetzung und Anpassung:**
Kullmann & Partner GbR/Dr. Folko Kullmann, Stuttgart
**Lektorat:** Dr. Susanne Güth, Leonberg
**Korrektorat:** Karin Schulze-Langendorff, Wismar
**Layout, Bildredaktion und Herstellung:**
Kullmann & Partner GbR/Kristijan Matic, Stuttgart
**Projektleitung:** Uwe Meilahn
**Titelentwurf:** Florian Brendel, Berlin
**Bildnachweis – Titel:** shutterstock (u re), living4media (Mi re), Mark Winwood (o beide, u li); **Innenteil:** Jenny Beeston (20), Sarah Cuttle (38 o re, 38 u li, 39 Mi re, 65 li, 65 re, 108 o re, 108 u li, 109 li, 141 alle, 176 u li), Paul Debois (144 u re, 206/207, 218/219), Flora Press/Bodo Butz (113 o), /Botanical Images (83 beide), /The Garden Collection/Jonathan Buckley (118 o), /The Garden Collection/Modeste Herwig (218/219 alle 5), /Practical Pictures (59 o), /Visions (148 o), /Royal Horticultural Society (34/35 alle 5, 60 o, 60 Mi, 61 beide, 82 alle 3, 206 beide, 207 o, 207 u, 213 Mi), gartenfoto.eu/Martin Staffler (42 o), Gartenschatz (195 Mi li, 197, 207 Mi) Jason Ingram (109 Mi re, 124/125, 152/153, 190/191), Horst Lünser (23), David Murray (58 u), Ingo Neumann (23), Bob Purnell (87 Mi li, 104/105), 109 Mi re, 124/125, 152/153, 190/1091), Freia Turland (36, 87 Mi li, 104/105), shutterstock (2, 19 u, 26 o re, 28 u re, 29 u, 36, 40 o, 40 u, 41 u, 44, 58 o, 59 u, 60 u, 64 o re, 75, 87 Mi li, 102, 120 u, 121 u, 123 u re, 128 o li, 129 o li, Mi li, o re, 133 li, 135, 136, 137, 138, 141 2. Reihe von unten ganz re, 150, 157 li, 157 Mi li, 164, 185 beide, 195 re, 198 u, 199 u, 200 u, 202 u li, 215), Mark Winwood / Sarah Cuttle (8, 10 o li, 10 o re, 10 u li, 10 u re, 11 li, 11 Mi re, 13 o, 13 u, 14 u, 19 o, 19 Mi, 26 u li, 27 Mi re, 29 o, 30, 31 u), Andreas Vietmeier (15 re, 101 u, 117 u re, 133), Which? Gardening (16 u, 49 Mi, 56 o, 64 o li, 65 Mi re, 68 o, 87 mi re, 87 re, 88 re, 97, 98 u, 103 o, 103 u, 154, 160 u re, 171 u, 205 u, 211 re, 212, 213 o, 213 u, 214 o, 214 Mi, 215 u); alle übrigen: Mark Winwood

**Verlagsherstellung:**
Rita Brosius (Ltg.), Susanne Beeh
**Litho:** Medienfabrik GmbH, Stuttgart
**Druck:** AZ Druck und Datentechnik GmbH, Berlin

**ISBN: 978-3-86851-093-05**